华为员工
培训读本系列

# 华为
## 干部内训课

### 世界500强企业的关键人才培养策略

张继辰◎著

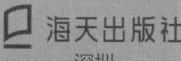
海天出版社
·深圳·

**图书在版编目（CIP）数据**

华为干部内训课/张继辰著. — 深圳：海天出版社，2017.9（2022.3 重印）
（华为员工培训读本系列）
ISBN 978-7-5507-2055-8

Ⅰ.①华… Ⅱ.①张… Ⅲ.①通信企业－企业管理－深圳 Ⅳ.①F632.765.3

中国版本图书馆CIP数据核字（2017）第172726号

# 华 为 干 部 内 训 课
HUAWEI GANBU NEIXUNKE

出 品 人　聂雄前
责任编辑　杨华妮　张绪华
责任技编　陈洁霞
封面设计　元明·设计

出版发行　海天出版社
地　　址　深圳市彩田南路海天大厦（518033）
网　　址　www.htph.com.cn
订购电话　0755—83460239（邮购）0755—83460202（批发）
设计制作　蒙丹广告0755—82027867
印　　刷　深圳市希望印务有限公司
开　　本　787mm×1092mm　1/16
印　　张　14.5
字　　数　200千
版　　次　2017年9月第1版
印　　次　2022年3月第4次
定　　价　48.00元

# 前 言

这是中国最优质的一家民营企业。

华为，一家立足于中国深圳经济特区，初始资本只有 21000 元人民币的民营企业，最终稳健成长为年销售规模近 2400 亿人民币的世界 500 强公司。2013 年年底，更是一举超越爱立信成为世界第一大通信设备商。作为一家无背景、无资源、缺资本的民营企业，华为将西方众多百年巨头纷纷斩落马下。它被众多跨国对手视作"东方幽灵"。经过多年努力，华为从一张白纸变为世界级高科技企业，成为中国企业的标杆。

事实上，就在华为开始创业的 20 世纪 80 年代中后期，国内诞生了 400 多家通信制造类企业，但这个行业的竞争注定是场死亡竞赛，赢者一定是死得最晚的那个。华为活到了最后。2015 年世界 500 强，华为排名上扬 57 位成为国内唯一一家入选的通信设备商。

华为是中国企业实现国际化的一面标志性的旗帜，它所走过的路正在成为中国众多企业学习的经典教材，其关于干部的管理制度和策略也可供中国企业来复制和学习。正如长江商学院院长项兵所说："中国企业中，只有华为一家是同时在国际主流产品和国际主流市场这两个方面与国际一流企业展开竞争的。'华为模式'不仅成为中国企业学习的样板，也是许多华为全球竞争对手所重点研究的内容。"

华为公司是一张中国"名片"，也是中国民营企业的一面旗帜。

华为公司总裁任正非曾这样说："华为的成功在什么地方？就是经营人

的成功。"

管理科学是一门社会科学，它不同于自然科学。管理具有很强的灵活性和适时性。同样的管理经验在不同时期、不同企业具有迥然不同的效应。如果只是简单地套用别人的管理制度，或许收效甚微，甚至会适得其反。

常有老板或高管们醉心于参加这样那样的培训，或与国外企业、名牌企业进行交流，交流时心潮澎湃，回来后偃旗息鼓，要么是所获悉的管理知识得不到灵活运用，要么是那些管理策略与其企业现状有着较大的差距。

当然，这不是说，不要去接受培训，不学习他人的管理经验。恰恰相反，老板和高管们不但要学习管理，而且要懂得如何学习，要从管理策略和管理经验中提取精华、提取智慧、提取灵魂，尤其是要从中提取对本企业具有应用价值的管理方法，恰到好处地运用于本企业的管理当中。

《华为干部内训课》系统地讲述了干部的使命与责任、干部的选拔与配备、对干部的要求、干部的使用与管理、干部队伍的建设等内容。本书关注干部管理在真实的组织环境和情境下的运用，对现实现状和管理导向的思考贯穿全书。书中提供了丰富的、最具华为特色的案例资源，是理论与实践相结合的完美之作，具有很强的可读性。

# 目 录

## 第三章　对干部的要求

## 第四章　干部的使用与管理

# 第五章 干部队伍的建设

# 第一章

# 干部的使命与责任

# 第一节
# 干部要担负起公司文化和价值观的传承

**以客户为中心，以奋斗者为本，长期艰苦奋斗，坚持自我批判**

相传日本庆长年间，军阀割据，如中国历史中的春秋战国时期。枭雄四起的乱世中有一股以德川家康为首的势力最为强大，在德川幕府中有一个叫小林的谋士，为德川家立下了显赫的战功，甚至可以说，德川家能拥有现在这样强大的势力和小林的贡献是分不开的。这让小林家乡的军阀很不满，于是将小林的家人全部抓起来，欲迫使小林离开德川幕府。忠孝难以两全，小林决定离开。离开前他用五日五夜赶写出治国、用兵之道100余卷，后德川家康用此道治国行兵披靡于天下。

从那个时候起，日本就形成了一种传承文化，如今在日本的企业中前辈带晚辈、老人带新人，即使因急事匆忙调离工作岗位，不能传带新人，也会留下工作日志供新人学习。从日本人常挂在嘴边的"前辈""请多指教"等常用语就可以看出日本人的传承观念已经形成了文化。日本的这种传承文化使他们的经济飞速发展，因为后来人不必浪费时间与精力重复去走前辈走过的老路，只要继承、发扬即可，这样便大大地提高了发展速度。日本二战后能够在如此短的时间内跃居世界经济第二的位置，与其不走重复路的传承文化有着重要的关系。西方一些经济发达国家也十分推崇这种传承理念并纷纷将这种传承文化导入自己的公司。

而在中国企业中还没有形成良好的传承文化，甚至我们对传承这个概念都很模糊。中国有几句民间俗语代表了绝大多数人的观念："教会徒弟，饿死师父""宁舍千金，不舍一技"等，这种观念从古代一直延续至今，也因此致使很多优秀的技能失传。由于这个原因，中国的很多企业形成了企业要维持正常经营就离不开某个人的奇怪现象：离开后，企业就无法运转或出现倒退，一些高技术行业的企业更是如此，而一般性企业中因为一个人的离开而导致管理混乱、工作交接断档的情况也很多。接手工作的新人，几乎要从头做起，这样便影响了企业发展速度并付出大量不必要的管理成本。

华为重视技能与经验的传承，尤其注重企业文化的传承。企业文化是企业的灵魂，是保证企业制度与企业经营战略实现的重要思想保障，是企业制度创新与经营战略创新的理念基础，是企业活力的内在源泉，同时也是企业行为规范的内在约束。

仅有内涵丰富的企业文化还不够，还需要将这种文化的核心价值观传播到员工中，在他们心中产生共鸣，让企业文化影响所有员工的观念和行为，才能够真正使企业文化发挥出应有的作用。管理者在这种文化的传播过程中起着重要的作用。华为企业制度规定，干部要担负起公司文化和价值观的传承之责。

　　"以客户为中心，以奋斗者为本，长期艰苦奋斗，坚持自我批判"是华为企业文化的核心，这在华为干部内训时反复被提及，是任正非等高层尤为重视的。只有理解了这几句话的核心内容，才会对华为干部的内训课有深刻的认识。

## 以客户为中心

　　对以客户为中心，华为也是经历了一段时间的探索，才确立下来的。

　　20多年来，华为由于生存压力，在工作中自觉不自觉地建立了以客户为中心的价值观，应客户的需求开发一些产品，如接入服务器、商业网、校园网等。那时客户需要一些独特的业务来提升他们的竞争力，不以客户需求为中心，他们就不买当时还是小公司的华为的货，华为就无米下锅。任正非认为，华为是被迫接近了真理。但当时的华为并没有真正认识它的重要性，没有认识它是唯一的原则，因而对真理的追求是不坚定的、漂移的。

　　在20世纪90年代后期，华为摆脱困境后，自我价值开始膨胀，开始以自我为中心。华为那时常常对客户说，他们应该做什么，不做什么；我们有什么好东西，他们应该怎么用。例如，在NGN（下一代网络）的推介过程中，华为曾以自己的技术路标，反复去说服运营商，却听不进运营商的需求，最后导致在中国选型的时候，华为被淘汰出局，连一次试验机会都没得到。历经千难万苦，华为以坂田的基地为试验局的要求，都苦苦得不到批准。华为知道自己错了，并从自我批判中整改，大力倡导"从泥坑中爬起来的人就是圣人"的自我批判文化。华为聚集了优势资源，争分夺秒地追赶。华为赶上来了，现在软交换占世界市场40%，为世界第一。

华为正在迈向新的管理高度，应该以什么来确定华为的组织、流程、干部的发展方向呢？以什么作为工作成绩的标尺呢？华为选择了以"为客户提供有效服务"作为工作的方向，作为价值评价的标尺，其中包括了直接价值与间接价值。不能为客户创造价值的部门为多余部门，不能为客户创造价值的流程为多余流程，不能为客户创造价值的人为多余的人，不管他多么辛苦，不管他在内部公关上花了多大力气，但他还是要被裁减的。

《华为公司的核心价值观》有着这样的记载：

> 从企业活下去的根本来看，企业要有利润，但利润只能从客户那里来。华为的生存本身是靠满足客户需求，提供客户所需的产品和服务并获得合理的回报来支撑；员工是要给工资的，股东是要给回报的，天底下唯一给华为钱的，只有客户。我们不为客户服务，还能为谁服务？客户是我们生存的唯一理由。既然决定企业生死存亡的是客户，提供企业生存价值的是客户，企业就必须为客户服务。因此，企业发展之魂是客户需求，而不是某个企业领袖。

## 以奋斗者为本

什么叫奋斗，为客户创造价值的任何微小活动，以及在劳动的准备过程（例如上学、学徒……）中，为充实提高自己而作的努力，均叫奋斗，否则，再苦再累也不叫奋斗。企业的目的十分明确，是使自己具有竞争力，能赢得客户的信任，在市场上能存活下来。要为客户提供一流的服务，就要选拔优秀的员工，而且这些优秀员工必须要奋斗。要使奋斗可以持续发展，必须使奋斗者得到合理的回报，并保持长期的健康。

华为没有任何可依赖的外部资源，唯有靠全体员工勤奋努
力与持续艰苦奋斗，不断清除影响我们内部保持活力和创新机
制的东西，才能在激烈的国际化竞争中存活下去。

以客户为中心，以奋斗者为本是两个矛盾的对立体。

要坚持"以客户为中心，以奋斗者为本"，只"以奋斗者为本"
是不对的。奋斗者干活很努力、很卖劲，但不能给客户创造价值，
那他的努力就是多余的。

仅以奋斗者为本，那把工资涨起来？华为不是简单的以人为本，
而是以奋斗者为本，华为人力资源和干部管理的制度都是以奋斗者来
定位的，各项工作紧紧围绕奋斗者，聚焦在奋斗者群体上，只有奋斗
者才是企业的真正财富。

无限制地拔高奋斗者的利益，就会使内部运作出现高成本，就会
被客户抛弃，就会在竞争中落败，最后反而会使奋斗者无家可归。

任正非举了一个例子来说明"以奋斗者为本"和"以客户为中心"
这种矛盾处境：

我们在家里，都看到妈妈不肯在锅里多放一碗米，宁可看
着孩子饥肠辘辘的眼睛。因为要考虑到青黄不接，无米下锅会
危及生命，这样的妈妈就是好妈妈。有些不会过日子的妈妈，

丰收了就大吃大喝，灾荒了就不知如何存活。我们人力资源政策也必须是这样的。

以客户为中心、以奋斗者为本是两个矛盾的对立体，它就构成了企业的平衡。难以掌握的灰度、妥协，考验所有的管理者。

## 艰苦奋斗

通信行业的竞争越来越严酷，华为认为，在严酷的环境中之所以能活到今天，靠的是通信市场高速发展的天时，中国经济持续增长的地利，以及华为人的艰苦奋斗，正是一个天道酬勤的真实故事。然而，随着通信行业逐渐向微利的传统行业转型，华为曾经拥有的天时地利将不复存在。这种情况下，华为要一直活下去，就更要继续保持艰苦奋斗的作风，通过高绩效的工作给公司注入活力。

历史和现实都告诉我们，全球市场竞争实质上就是和平时期的战争，在激烈竞争中任何企业都不可能常胜，行业变迁也常常是翻云覆雨，多少世界级公司为了活下去不得不忍痛裁员，有些已消失在历史风雨中。前路茫茫充满变数，非常的不确定，公司没法保证自己长期存活下去，因此不可能承诺保证员工一辈子，也不可能容忍懒人，因为这样就是对奋斗者、贡献者的不公平，这样对奋斗者和贡献者就不是激励而是抑制。幸福不会从天降，只能靠劳动来创造，唯有艰苦奋斗才可能让我们的未来有希望，除此之外，别无他途。从来就没有什么救世主，也不靠神仙皇帝，要创造幸福的生活，全靠我们自己。

"小米加步枪"是初级阶段的艰苦奋斗的方法,但在新的形势下,提高管理效率,从管理中要效益才是真正的艰苦奋斗。

首先要不断更新、不断提高自身业务能力和管理能力,要有空杯之心,保持清醒的头脑。熟悉行业的变化,在行业的变化中敏锐地捕捉生存的空间和机会,对外要紧盯市场不放,对内要勤于说服和推动公司内部各层的支持以达成目标。其次要通过组织培训和实战来提高团队的整体作战能力。

华为现在的人力增长十分迅速,但实际上效率提升却很缓慢。因此,华为认为迫在眉睫的事情就是把这些新增人力迅速变成可作战队伍,提高效率和产出。

再者华为认为要提高整体团队的战斗力,这种战斗力是指综合作战能力,包括良好的业务能力以及顽强的工作作风。

## 自我批判

起初华为创业,是靠着企业家行为,是凭着第一代创业者的艰苦奋斗、远见卓识和超人的胆略,抓住机会,奋斗牵引,取得成功。但是,在走向规模经营后,如果华为没有及时反思、自我批判,去淡化企业家的个人色彩,强化职业化管理;没有将人格魅力、牵引精神、个人推动力变成共同推动企业正确发展的内驱力,陷入经验主义,华为也就没有今天。

任正非曾在《从泥坑里爬起来的人就是圣人》一文中这样写道:

20多年的奋斗实践,使我们领悟了自我批判对一个公司的发展有多么重要。如果我们没有坚持这条原则,华为绝不会有今天。

没有自我批判，我们就不会认真听清客户的需求，就不会密切关注并学习同行的优点，就会陷入以自我为中心，必将被快速多变、竞争激烈的市场环境所淘汰；

没有自我批判，我们面对一次次的生存危机，就不能深刻自我反省、自我激励，用生命的微光点燃团队的士气，照亮前进的方向；

没有自我批判，就会故步自封，不能虚心吸收外来的先进东西，就不能打破"游击队""土八路"的局限和习性，把自己提升到全球化大公司的管理境界；

没有自我批判，我们就不能保持内敛务实的文化作风，就会因为取得的一些成绩而少年得志、忘乎所以，掉入前进道路上遍布的泥坑陷阱中；

没有自我批判，就不能剔除组织、流程中的无效成分，建立起一个优质的管理体系，降低运作成本；

没有自我批判，各级干部不讲真话，听不进批评意见，不学习不进步，就无法保证做出正确决策和切实执行。

只有长期坚持自我批判的人，才有广阔的胸怀；只有长期坚持自我批判的公司，才有光明的未来。自我批判让我们走到了今天，我们还能向前走多远，取决于我们还能继续坚持自我批判多久。

自我批判绝不是为批判而批判，不是完全否定，而是为掘松管理的土壤，让优良管理扎根生长，优化以流程为主导的管理体系和以责任结果为导向的价值评价体系，提高管理效率，最终目标是要建设公司、导向公司整体核心竞争力的提升。因此，这不仅要求干部须是具备国际先进水平的职业化经理人，更需要各级干部具备强烈的使命感和责任心，只有永葆思想上的艰苦奋斗，不为取得的成绩而自我膨胀，保持清醒的头脑，不断改善工作流程，提高管理效率，才能达到提升公司整体核心竞争力的目的。任正非表示：

> 自我批判是拯救公司最重要的行为。从"烧不死的鸟是凤凰""从泥坑里爬出的人就是圣人"，我们就开始了自我批判。正是这种自我纠正的行动，使公司这些年健康成长。

自华为市场部 1996 年的集体大辞职开创了自我批判的先河后，华为的民主生活会在各部门蓬勃兴起，研发系统从对成果负责制转变为对产品负责制，生产系统不断从一点一滴的小事改进，使工艺流程进步，各层干部、全体员工都在自我批判，务实做实。自我批判，会使人永不自我满足，想方设法积极创造组织的造血功能，为组织不断造出血来，只有不断吸收新鲜血液，企业才能有旺盛的生命力。

## 接班人必须认同企业的核心价值观，并具有自我批判精神

建设和传承企业文化，要求管理者成为员工的示范者，被认同的对象、模仿的榜样，做到表里如一。管理者需要做到认同企业的核心价值观，言行一致，忠实于自己的承诺，带头践履文化价值理念。作为企业文化的传播者，管理者需要事事做员工表率。

华为要求接班人必须认同企业的核心价值观，并具有自我批判精神。

在华为，接班人是广义的，不是高层领导下台就产生个接班人；而是每时每刻都在发生的过程，每件事、每个岗位、每条流程都有这种交替行为。这是一种不断优化的行为。华为要使各个岗位都有接班人，接班人都要承认这个核心价值观。

任正非认为，华为公司是否会垮掉，完全取决于自己，取决于我们的管理是否进步。管理能否进步，取决于两个问题：一是核心价值观能否让我们的干部接受，二是能否自我批判。

如果干部对核心价值观、公司领导讲话文件精神，理解和落地的程度和方向都有所不同，这对文化的传承非常不利，随着人员的不断增加，误差会越来越大。

华为有一个员工 A，工作经验丰富、技术能力也较强，本拟作为后备管理干部来培养。但由于其对公司文化不认可，对任职资格、待遇的关注程度远大于对绩效的关注，个人英雄主义严重，虽有较强的业务能力，但并没有很好地转化为对公司的实际贡献，而是成了其炫耀和向公司讨价还价的资本。很显然，这样的员工就不能任用和提拔，而是应该安排到更基层的岗位上甚至纳入末位淘汰名单。

自我批判的能力，实质上也是一个人自我领导、自我管理的理智力、自律力和内在控制力。通过理智的引导进行自我剖析，重新审视自我的愿景、价值观和心智模式。自我批判的过程就是一个思想上、观念上去糟粕、纳精华，进而不断升华和成长的过程。

"只有有牺牲精神的人才有可能最终成长为将军；只有长期坚持自我批判的人，才会有广阔的胸怀。"

任正非曾在其文章《华为的红旗到底能打多久》一文中这样写道：

一个企业怎样才能长治久安，这是古往今来最大的一个问题，包括华为的旗帜还能打多久，不仅社会友好人士关心，也是我们十分关心并研究的问题。华为在研究这个问题时，主要研究了推动华为前进的主要动力是什么，怎么使这些动力能长期稳定运行，而又不断自我优化。大家越来越明白，促使核动力、油动力、煤动力、电动力、沼气动力等一同努力的源是企业的核心价值观。这些核心价值观要被接班人所确认，同时接班人要有自我批判能力。接班人是用核心价值观约束、塑造出来的，这样才能使企业长治久安。

华为内部正式发布文件表示："华为公司从现在开始一切不能自我批判的员工，将不能再被提拔。3年以后，一切不能自我批判的干部将全部免职，不能再担任管理工作。组织的自我批判，将会使流程更加优化，管理更加优化；员工的自我批判，将会大大提高自我素质。"

## 领导者最重要的才能就是影响文化的能力

领导者最重要的才能就是影响文化的能力。人是受动机驱使的，如果完全利用这个动机去驱使他，就会把人变得斤斤计较，相互之间没有团结协作、没有追求了。文化的作用就是在物质文明和物质利益的基础上，使他超越基本的生理需求，去追求更高层次的需要、追求自我实现的需要，把他的潜能充分调动起来，而在这种追求过程中，他与人合作，赢得别人的尊重、别人的承认，这些需求就构成了整个团队运作的基础。

任正非表示：

华为公司就是要解决一个综合平衡问题，综合平衡最重要的基础就是文化。如果没有一个组织、文化的认识，就无法综合平衡。"从心所欲，而不逾矩"，不是约束你，而是要你综合平衡，自我修正、自我调整、自我前进。自我调整不是靠领袖来实现的，领袖只是一匹狼，主要是抓机会，抓住机会以后就由狼群自动实现综合平衡。这是一种以文化为基础的自觉的综合推进系统。

盖房子打地基时，人们常用的方法是撒上一层土，然后夯实了，这样才能一层一层形成坚实的地基。正如团队，每年新来的人一茬接一茬，但如果领导者不能以良好的氛围和艰苦奋斗的精神带领新员工融入团队，企业的地基就可能出现空洞，导致隐患。但实际情况往往是新员工占到团队人数的1/2或2/3，有时可能不是老员工影响新员工，反而是各种思潮影响企业原有的平台。

一位华为管理者有着这样的叙述："在我的团队中也曾有一些新员工长期不能融入团队，贪图享受，以自我为中心，视勤奋工作的老员工为不见。虽然我已经通过各种方式解决了一些问题，但对团队造成的消极影响仍需要下功夫清除。如果在这些问题萌芽时就采取措施或在思想上加以重视、防患于未然，便能更好更快地建造一支高效能的队伍。'一花独放不是春，百花齐放春满园'，自己、一人、几人的艰苦奋斗是远远不够的，只有整个团队都具有艰苦奋斗的理念和精神，团队的效能才能得到真正的发挥。"

任正非表示：

我们的各级干部组织要面对现实，承认现实，热爱现实。如果思想的基础和现实的手段相矛盾，就可能会带来某些冲突，所以我们公司的理念要和现实一致。在这个举措当中，可能有一些员工不满。面对这些改革，干部要在员工中起到稳定剂的作用，通过对自己的严格要求带动周边员工对公司政策予以理解和认同。干部要帮助公司了解员工，更重要的是要帮助员工去理解公司。

# 第二节
## 洞察客户需求，捕捉商业机会，抓业务增长

华为企业文化的核心定位于高绩效文化。至于原因，是因为这一基本命题来自于华为公司的基本使命：为客户创造价值是华为公司存在的唯一价值和理由。

对于客户来讲，其需求内涵可以概括为三点：低价、优质和完善的服务，公司要持续不断地满足客户的这种需求，必须具有强大的价值创造能力，这种能力在企业内部的具体体现就是高绩效。高绩效是保证实现客户需求的基础。客户的价值观决定着华为公司的价值观。因此，华为公司的愿景、使命、基本价值观、战略、组织及业务流程必须聚焦于高绩效，公司企业文化的核心必须也只能是高绩效。

从市场竞争的角度看，在激烈的市场竞争过程中，并不是每一个公司都能得到为客户服务的机会的，因为客户掌握着选择企业的权力。企业的生存价值和生存空间只能通过市场竞争来取得，企业要取得为

更多客户服务的机会，必须持续不断地提高自身的效率，并依靠效率的持续提升，降低产品和服务的成本，提升产品和服务的质量，以更快的速度响应客户的需求。企业之间的生存竞争本质上是效率的竞争，因为唯有高效率，才能降低单位产品的成本，产品才具有价格上的相对优势，才能够抢先于竞争对手获取满足客户需求的机会。企业才会有足够的生存空间。唯有高效率，才能先于竞争对手发现并满足客户的需求；唯有高效率，企业才能为客户提供全方位的服务。效率的竞争永远是市场竞争的主旋律，而效率的客观表现是企业内部的绩效水平的高低。[1]

## 干部要贴近客户，倾听并紧紧抓住客户需求

企业存在的所有意义就在于能够满足客户的需求，客户让我们满足他们的需求。我们所有的产品开发都应该是客户需求导向。一句话，"外行领导内行"的"领导"既不是所谓的"外行"，也不是所谓的"内行"，实质上是"客户需求"；"外行领导内行"的实质就是以"客户需求为导向"。

华为确定了一把手的三点责任："布阵、点兵、陪客户吃饭。"什么叫布阵？就是组织建设，以及组织行为建设。什么叫点兵？就是干部选拔、使用、考核的路线和干部新陈代谢的和谐解决。什么叫陪客户吃饭？就是要紧紧抓住客户需求，不管是内部客户还是外部客户，都要紧紧抓住。

为了贴近客户，华为对研发部所有副总裁级的人员建立了每周见

---

1 吴春波.企业文化的核心是绩效文化［OL］.华夏基石 e 洞察，2015.

客人几次的制度。

2014 年，任正非一改过去低调作风，接连在法国、英国和中国深圳接受媒体采访，他解释其中的原因时说："华为走到今天，一直坚持'以客户为中心'的价值观，也一直在不断地开放、妥协。外界关于华为公司内部的各种猜测，华为公司在舆论中的神秘色彩，在某种程度上，会影响华为公司为客户服务的理念与效果，所以我们决定逐步开放、透明，让大家看看华为神秘面纱背后的'小黑屋'到底是什么，其实什么都没有。"

任正非表示："大家都说要揭开神秘面纱，其实揭开后一看有什么呢？满脸都是皱纹。华为也不是不想宣传，虽然我们有 450 亿美元销售收入，但过去却只有 350 个客户群，如果定向宣传成效会大得多。

"如何对客户定向宣传呢？当利比亚战争发生时，我们没有撤退，当地员工自己分成了两派，一派支持政府，留在了的黎波里；一派反政府就去了班加西，各自维护各自地区的网络。中间交火地区的网络，就由华为的员工维护。我们不怕牺牲，用实践说明了我们对客户的责任。维护网络的安全稳定，是我们的最大社会责任。当日本'3·11'地震海啸发生时，福岛核泄漏，我们员工背起背包，和难民反方向行动，走向海啸现场、核辐射现场、地震现场，去抢修通信设备。当智利 9 级地震发生时，我们有 3 个员工困在中心区域，当恢复通信后，他们打来了电话。接电话的基层主管也是傻的，说地震中心区有一个微波坏了，要去抢修。这 3 个员工傻乎乎地背着背包，就往 9 级地震中心区去抢修微波，往逆避险的方向去履行自己的责任。对客户，华为已经做了全世界最好的广告。因此，在信息安全被炒作的一片火光中，客户还是信任我们，现在华为的客户群还在增长。"

## 效益提升的基础是有效增长

在企业内部，企业有前途、工作有效率和个人有成就，是企业的三个最初始的命题，效率（或称绩效）永远是问题的关键和核心。工作的高绩效支撑了公司的前途，公司的前途保障了员工的成就，其实问题就这么简单。因为企业是通过经营行为满足客户的需要来实现自己的功利目标的，并通过管理来提升效率实现盈利目标的最大化。企业的盈利目标能否实现，企业能否持续地生存和发展，在于组织内部成员的价值创造能力，即员工持续的高绩效行为。

华为公司近几年实行的管理变革，其基本的目的在于提升公司的运作效率和公司的整体绩效，以更好地满足客户的需求，并通过管理变革，进一步强化华为公司的高绩效文化。管理大师德鲁克认为：工商企业的实质、决定其性质的根本原理，就是经济绩效。企业文化的本质无疑也应该回归到企业的绩效本质。优秀的企业文化的共同特征是高绩效文化。高绩效文化是支撑企业由优秀到卓越的核心动力。

任正非在第一次接受国内媒体采访时表示："我们要避免管理者的孤芳自赏、自我膨胀，管理之神要向经营之神迈进，经营之神的价值观就是以客户为中心，管理的目的就是多产粮食。'经营之神'的目标是为客户产生价值，客户才会从口袋里拿出钱来。我们一定要把所有的改进对准为客户服务，哪个部门报告说他们哪里做得怎么好，我要问粮食有没有增产，如果粮食没有增产，怎么能说做得好呢？我们的内部管理从混乱走向有序，不管走向哪一点，都是要赚钱。我担心我们的管理陷入了孤芳自赏，结果就会是呆滞。我并没有说我们已超越了西方，还是要依托西方的管理理念。"

任正非表示：

什么叫规模？一定要坚持有效收益为主线，不要盲目铺大。企业市场没有什么兵家必争之地，不要奢谈格局问题，一定要找到适合你的突破点，突破了，再撕大口子，逐步做大。终端也没有格局问题，都要以盈利为基础稳健发展。在这种市场上，不能动不动就搞什么恶战，别老是想低价竞争的问题，这是历史了，这是过去华为公司的错路，要终止，否则我们就会破坏这个世界，破坏社会秩序了。我们还是要以优质的产品和服务打动客户，恶战、低价是没有出路的。

事实上，管理的功能，就是产生绩效。德鲁克曾这样在文章中写道："管理首先要对产生绩效负责。管理者必须掌握组织的行动方向。管理者必须要仔细考虑组织的使命，制定组织的目标，组织好各种资源，从而让组织做出绩效贡献。这正是萨伊（J. B. Say）所说的'企业家'——管理者的责任，是要利用好组织的思想和资源，争取最大化的成效与贡献。

"不论管理工作属于哪种类型，管理者为了执行其基本职能，面对的都是同样的问题。管理者必须组织各项工作，从而提高生产率；必须领导员工，使其发挥出最高生产率并取得成就；必须对企业所产生的'社会冲击'负责。更重要的是，管理者必须对产生绩效负责——不管是经济的绩效、学生的学业，还是病人的护理，因为这些都是每个组织赖以生存的基础。"

# 第三节
# 带领团队实现组织目标

一个职业管理者的社会责任（狭义）与历史使命，就是为实现组织目标而奋斗，以实现组织目标为己任，缩短实现组织目标的时间，节省实现组织目标的资源，这才是一个管理者应有的职业素养与成就感。

在实现团队目标的过程中，要加强对下属的目标制定、过程辅导，坚持贯彻绩效分层分级考核区分制度。历史上的铁军，领军人都是爱兵的人，但爱兵是体现在严格训练和日常要求上，关心下属的成长上，而不是体现在疏于管治、一味迁就上。一定要通过自上而下的绩效考核压力传递，自下而上的绩效考核应用并逐步公开，从而不断挖掘组织绩效产出。

华为要求各级主管要投入情感去带队伍，要善于运作多样化的激励方式。非物质的激励如表扬、正向的工作评价、坦诚的批评指导、对下属的用心关注和良好沟通、帮助员工明确责任及组织期望等，往往能起到物质手段所无法达到的效果，各级主管必须用心体验，努力掌握，灵活应用。

## 在担负扩张任务的部门，形成"狼狈组织"

在 1997 年的一次会议上，任正非特别称道"狼"和"狈"的攻击组合。在任正非讲完之后，华为市场部就提出一个"狼狈组织计划"——狼狈一片，一线的是狼，其他员工是狈，提供相应的资源，一线和二线紧密配合。如今，虽然那个计划已消散，但"狼性"却被作为华为精神延续下来。

任正非在其文章《华为的红旗到底能打多久》中这样写道：

> 企业就是要发展一批狼，狼有三大特性：一是敏锐的嗅觉；二是不屈不挠、奋不顾身的进攻精神；三是群体奋斗。企业要扩张，必须有这三要素。所以要构筑一个宽松的环境，让大家去努力奋斗，在新机会点出现时，自然会有一批领袖站出来去争夺市场先机。市场部有一个"狼狈组织计划"，就是强调了组织的进攻性（狼）与管理性（狈）。当然，只有担负扩张任务的部门，才执行"狼狈组织计划"。其他部门要根据自己的特征确定自己的干部选拔原则。

1996 年，华为公司与美国著名的 HAY 咨询公司合作实施人力资源管理变革。当 HAY 公司的专家问及任正非之前是如何发现企业优秀员工时，任正非说道："我永远都不知道谁是优秀员工，就像我不知道在茫茫荒原上到底谁是领头狼一样。"

虽然不知道谁会是领头狼，但是任正非的团队用人观很明确，就是要选拔具有"狼性"的人才。而为了培养具有"狼性"特质的人才和团队，任正非提议华为要构筑一个宽松的环境，让大家去努力奋斗，这样，当新机会出现时，自然会有一批领袖站出来去争夺市场先机。

那时，任正非宏大的理想与激励性的语录口号、运动式的内部交流方式，成为艰难环境中华为这个土狼群体拓展生存空间最有效的动力。华为市场团队具有可怕的进攻性，由于任正非一直提倡拼搏精神和以身作则，华为市场团队为了合同可以不回家过年，老婆孩子都顾及不上。这种在后来者看来属于非良性竞争的市场手段，却是华为得以快速成长起来的法宝。

华为的研发团队，也表现了不屈不挠、奋勇拼搏的"狼性"。研发团队一有任务立即顶上去，通宵不眠、勤勤恳恳、埋头苦干，不害怕"冷板凳要坐十年"，坚持"从点点滴滴做起"，研究问题不做广、只做深。所以华为的技术总能在国内领先，这是科技产品抢占市场的利器。

华为的狼群团队，与市场中的"豹子""狮子"拼杀，将企业的"狼性"表现得淋漓尽致，屡建奇功。在业界，华为闻名遐迩。在跨国公司占尽优势的情况下，华为依然不断成长，因为它更有成功的欲望，更执着地追求发展，采用市场中尽可能有效的战术，常常以集体战的发展，斗过了强大若干倍的对手，找到了生存之法。

在任正非定义的"狼性"理念中，"群体奋斗"是他非常看重的一种精神。事实上从1998年开始，任正非就十分重视对集体力量的发展。他提倡的是一种"胜则举杯相庆，败则拼死相救"的互助、合作精神。

狼之所以能够在比自己凶猛强壮的动物面前获得最终胜利，原因只有一个：团结。即使再强大的动物恐怕也很难招架一群早已将生死置之度外的狼群的攻击。可以说，华为团队精神的核心就是互助。

2016年任正非在市场讲话中更加系统地介绍了"狼狈"机制：

> 我们把目标瞄准世界上最强的竞争对手，不断靠拢并超越它，才能生存下去。因此，公司在研发、市场系统必须建立一种适应"狼"生存发展的组织和机制，吸引、培养大量具有强烈求胜欲的进攻型、扩张型干部，激励他们像狼一样嗅觉敏锐、团结作战，不顾一切地捕捉机会，扩张产品和市场；同时培养一批善统筹、会建立综合管理平台的"狈"，以支持"狼"的进攻，形成"狼狈之势"。狈在进攻时与狼是形成一体的，只是这时狈用前腿抱住狼的腰，用后腿蹲地，推狼前进。但这种组织建设模式，暂不适合其他部门。
>
> 我用一个典型的例子来说明，狼是很厉害的，它有灵敏的嗅觉，有很强的进攻性，而且它们不是单独出击，而是群体作战，前赴后继，不怕牺牲。这三大精神，就构成了华为公司在新产品技术研究上领先的机制。我们按这个原则来建立我们的组织，因此，即使暂时没有狼，也会培养出狼，或吸引狼加入到我们中间来。也就是说，我们事先并不知道谁是狼，也不可能知道谁是狼，但确立了这个机制，好狼也会主动来找我，有了一个好狼，就会有一群好的小狼。
>
> 现在我们有一个明确的任务就是：未来信息世界的发展变化速度非常之快，不一定是老狼，不一定是最有经验的狼，也不一定是国际水平的狼才能发现这个世界，很可能是一匹小狼

突然发现了食物，然后带领所有的狼去捕捉食物。这只小狼是谁呢？美国是比尔·盖茨，中国呢？当然也有。

比尔·盖茨是一匹小狼，一匹在白茫茫、一无所有的北极圈里发现了一堆食物的小狼，所有的狼都跟着他享受这堆食物。他就是信息潮头的领头人。

我们还要培养、寻找更多的好的小狼，还要研究拥有先进思想、充满个性的人，怎么群体合作。许多优秀的狼不合作，就是狼吃狼，那样的狼目标不是扩张，而是霸住自己的家。它已不是狼，狼的天性是合作。


华为在接待客户时的表现就很好地体现了它的这种"群狼"团队精神。客户关系在华为被总结为"一五一工程"，即一支队伍、五个手段、一个资料库，其中五个手段是"参观公司、参观样板店、现场会、技术交流、管理和经营研究"。在华为，对客户的服务是一个系统，几乎所有的部门都必须参与进来。在这种团队精神的带动下，华为每次都能又快又好地完成一整套客户服务流程。华为接待客户的能力让一家国际知名的日本电子企业领袖在参观华为后震惊，认为华为的接待水平是"世界一流"的。

华为的"狼狈组织"还体现在华为的"重装旅"上。

华为有22个"重装旅"（即地区部）、100个"陆战队"（即代表处）。其中"重装旅"负责资源整合和配置，也就是输送炮弹；"陆战队"负责了解客户需求和市场开拓，也就是定点爆破。华为公司的市场冲击力和杀伤力令人叹为观止。

"重装旅"在一线呼唤炮火的命令下，以高度专业化的能力，支持一线的项目成功。"重装旅"集中了一批专业精英,给前线的指挥官提供及时、有效、低成本的支持。

2011 年 2 月,古城丽江还浸润在春节的气氛中,上午 10 点过后,小店才陆续开门,迎接四方的宾客。然而,对于云南移动和华为公司来说,一场时间与速度的竞赛已经开始。2 月 23 日,云南移动公司决定由华为来改造丽江的 GSM 网络,要求在 45 天内搬迁这张已经运营16 年的网络。

客户需求就是命令。昆明代表处随即向中国区呼唤炮火:客户受累原网久矣需突破发展瓶颈,为四方宾客打造一张高质量的网络,项目同时面临友商直接竞争,请"重装旅"予以支持。

2 月 24 日,成都共享中心的技术专家李自伟刚完成一个项目,正准备回到部门汇报工作,突然接到主管电话:"不用回成都了,直接取道丽江,丽江项目很急,明天务必到达!"

一时间,来自中国区移动项目管理部、网络部署部、上海技术支持中心等各"重装旅"资源池的项目管理专家、产品专家以及技术专家数十人像蜂群一样,齐聚丽江。

2 月 25 日,丽江移动综合楼 6 楼人头攒动。一下看到这么多陌生的面孔,客户很惊讶:"没想到你们的人集结这么快!"

最终,客户给出了如下评价:这次项目的成功,最关键的是团队力量,是精神铸就了奇迹。看到有的华为工程师开局后累得直接蜷缩在设备箱里睡着了,这种在长征中才出现的镜头,将成为客户人生中最美的回忆。

## 为下属的工作扫清障碍

现代管理学之父德鲁克先生在谈到管理的任务时曾告诫管理者——每个员工都希望有所成就。管理者需要使自己的工作卓有成效，就必须使员工拥有成就感。同样，管理者也需要使下属的工作卓有成效。而使下属工作卓有成效的关键之一就是要为下属的工作扫清障碍。每一位管理者在实施目标管理的时候都要好好想一想，我在与下属一起制定目标的时候，是不是询问了下属在执行目标的过程中有什么困难，需要我去帮助他们扫清什么样的工作障碍。

"为下属的工作扫清障碍"是德鲁克先生对于激励员工的一个基本观点，适用于所有的管理者，包括那些没有多少金钱去激励的管理者们。在与下属共同商定下属的工作目标时，管理者们应该询问自己的下属：在你的工作中，有哪些障碍是妨碍你完成任务的？在你的工作中，你希望上司怎样来帮助你？

华为在国际化市场拓展中，依靠本地员工快速切入市场，迅速了解当地法律法规、客户特点和文化习俗，由此节省了费用成本，提高了核心竞争力。本地员工为华为的发展做出了积极的贡献。

然而，随着海外市场的拓展，本地员工与中方员工的矛盾也凸现出来，首先是文化的"摩擦"。

中东北非地区部在发展进程中，也出现过这种中外员工文化上的摩擦：一位中方员工与本地外籍员工开玩笑时，他拍了一下对方的臀部，这在中国，没人会介意，但在穆斯林地区，情况就不同了，那里的习俗是男人的身体不能触摸。

故中方员工的行为，引起本地员工的投诉，甚至一些本地员工集体到人力资源部投诉，认为这位中方员工有"同性恋倾向"，要求当地人力资源部门立即开除他，否则他们将可能集体离开华为。

华为中东北非地区部人力资源部袁部长认为，这件事纯属双方因不了解对方文化、习俗而引起，中方员工的行为较随便，但绝非什么"同性恋倾向"。那该如何化解双方的冲突呢？

他先是与双方沟通，让大家了解各国不同的文化习俗，取得双方的谅解，并要求中方员工主动向对方道歉，然后采取冷处理的方式，让中方员工到另外一个办公地点工作，以暂时的回避，来缓解矛盾。同时，以此为契机，组织培训"伊斯兰文化"，并制作光碟发放给代表处培训学习，要求中方员工尊重并了解当地的文化、宗教、习俗，了解当地的法律法规。最重要的，他认为要从制度、流程开始，以规范化的国际大公司形象出现。

通过跨文化培训和制度流程规范建设，中方员工的言谈举止更加职业化了，不像以前那么随意，本地员工与中方员工的关系也更加和谐友好了。

"为下属的工作扫清障碍"还包括使公司保持较快的增长速度。任正非在文章《华为的红旗到底能打多久》中这样写道："我们通过保持较快的增长速度，给员工提供了发展的机会；公司利润的增长，给员工提供了合理的报酬，这就吸引了众多的优秀人才加盟到我们公司来，然后才能实现资源的最佳配置。只有保持合理的增长速度，才能永葆活力。"

## 用兵狠、爱兵切

我们平时所说的"用兵要狠"，其一是对下属应该大胆使用，敢于放手使用，如果什么事情都自己包办起来，事业是永远也不会成功的；其二是对下属严格要求，不严格要求是不能进步的。

史书记载，魏国名将吴起，镇守河西地区 27 年，与各诸侯国大战 72 次，全胜 64 次，其余 8 次打成平手，这样的战绩与古今中外各个时期的名将比起来都可以说是最好的了。吴起所领导的军队之所以有如此强的战斗力，一个重要的原因就是吴起真正做到了"用兵要狠，爱兵要切"这一领导原则。有一次，吴起指挥军队与秦国军队作战，两军对阵于旷野，剑拔弩张，只等领军者一声令下，一场惨烈的战斗就要开始了。这时，吴起手下一个十分勇敢、武艺也十分高强的士兵，还未等吴起下令，就挥刀冲向敌人。大家还没搞清楚是怎么回事，他已经在敌阵中斩杀两人，"前获双首而还"。但吴起"立斩之"。这时，"军吏谏曰：'此材士也，不可斩。'起曰：'材士则是也，非吾令也，斩之。'"

而平时，吴起虽身为将军，但能够做到"与士卒最下者同衣食，卧不设席，行不骑乘"，而且还与士兵一样在行军中自带军粮。有的士兵伤口生了脓疮，吴起看到后亲自用嘴吮吸脓血。吴起对部下的深切关怀，激起了士兵以死相报的感激之情和勇往直前的战斗精神。这就是我们平常所说的"爱兵要切"。

任正非讲了这样一个例子：

> 历史上打仗特别凶的军队，其主管都是非常爱兵的，能和士兵同甘共苦。不然，士兵不会冒着生命危险去冲锋陷阵，正所谓"士为知己者死"。有人知道"酒泉"这个地名的来历吗？"酒泉"的来历与霍去病有关。当年，皇帝奖赏霍去病十几坛好酒。为了让十万军队都能喝到，霍去病就想了一个办法，把酒从驻地附近溪流的上游倒下来，酒就随水往下流，士兵趴在溪边都

喝到了。因此霍去病是良将。

只有"狠"而没有"爱"，就会把兵当成自己向上爬的工具，会使人怀疑你的德行。因此，在下属有困难的时候，能帮助他们解决的，一定要帮助；在他们有危难的时候，能保护的，一定要尽力保护。如此"用兵狠，爱兵切"的领导，自然就容易做到"万人一心，令行禁止"了，也自然会有常胜的业绩了。

军队中有句口号叫"首战用我，用我必胜"。铁军都是打出来的，这些铁军的将领们不仅是"用兵狠"，更重要的是要"爱兵切"。任正非在市场部的一次讲话中这样说道：

> 铁军是打出来的，兵是爱出来的。古往今来凡能打仗的部队，无一例外，都是长官爱惜士兵，不然就不会有士为知己者死。我们的企业文化，绝不是让各级干部又凶又恶，我们也不支持把这些人选拔进各级管理团队。文化是给大家提供了一个精髓，提供了一个合作的向心力，提供了一种人际相处的价值观，这种价值观是需要人们心悦诚服的。又凶又恶的人是能力不足的表现，是靠威严来撑住自己的软弱，这种干部破坏了华为文化的形象，这种人不是真有本事，我们要及时更换。我们各级干部去组织员工实践任务时，要以身作则，正人先正己。要关爱员工，关心他的能力成长、工作协调的困难，同时，也可以适当地关怀他的生活。你都对别人不好，别人凭什么为你卖力？

## 用内心之火和精神之光点燃全体员工的信心

对于善于利用激励手段的管理者来说，有时候奖赏并不需要很多，却可能换来员工业绩很大的增长。一位员工所能取得的业绩，不仅取决于其能力，更重要的是取决于其态度。而员工工作的态度，在很大程度上取决于领导的认可和奖励。激励是指通过某种形式，对员工行为表示肯定，从而加强其持续该行为的意愿。有人比喻说激励是行为的钥匙。作为管理者，只有善用激励这把钥匙，才能让员工在工作中发挥出最大的主观能动性，获得最佳的业绩。

一般认为，人平常只发挥了 20% ~ 30% 的潜能，有效的激励及开发可使潜能发挥到 80% ~ 90%。

在通用电气公司前 CEO 杰克·韦尔奇看来，管理者要做的一件重要事情，就是要确保让所有的员工都自我感觉很好，每天都让他们觉得非常自信，让他们愿意做更多的事情，承担更多的风险，做更多的尝试。

韦尔奇甚至用以下的比喻来强调激励的重要性："公司的员工就像你的种子一样，你给他们的鼓励就像灌溉和浇水，他们会不断地成长。你的工作不是吓别人，而是帮助员工不断地发展，他们会像美丽的植物和花朵一样长得非常漂亮。"

任正非表示：

> 高级将领的作用是什么？就是要在看不清的茫茫黑暗中，用自己发出微光，带着你的队伍前进，就像希腊神话中的丹柯一样把心拿出来燃烧，照亮后人前进的道路。越是在困难的时候，我们的高级干部就越是要在黑暗中发出生命的微光，发挥主观能动性，鼓舞起队伍必胜的信心，引导队伍走向胜利。

在华为，追求人力资源的增值恰好是他们的重要目标，他们强调人力资本不断增值的目标优先于财务资本增值的目标，并努力为员工提供成长和发展的机会，以激励员工。

华为英国代表处、欧洲片区 2006 及 2007 年度优秀员工 Alec Campbell 曾这样说过："公司的组织严密，管理集中，但在本地客户和项目管理上，我被授予很多职权。这样的授权，明晰了目标的责任人，让我能够更加专注目标，积极主动地工作。我想，这也正是公司能够激励员工积极工作、达成目标的原因。"

任正非表示：

各级主管要多和员工沟通，可以向员工描绘部门未来的发展目标和愿景，牵引员工向前看。

# 第四节
## 开展组织建设，帮助下属成长

优秀领导，不应该与下属比着干，而应该帮助下属干得更好。领导者自身的成长，很大一部分体现为下属的成长。杰克·韦尔奇原来也是技术尖子，跟同事比着干，看到自己的收入没有把其他人远远甩在后面，就耿耿于怀，想跳槽。但成长为优秀领导者之后的韦尔奇，心态完全变了。

在 GE（通用电气公司）任 CEO 期间，杰克·韦尔奇自认为是公司最大的人力资源总监。他说："我的工作是发展人才。我是培育我们 750 位高管的园丁。当然，我也要除去杂草。"退休之后，记者问他："当 CEO 这么多年，最大的快乐是什么？"他毫不犹豫地回答："看着他人成长，看到他们的生活变得越来越好。"

## 发现人才，培养人才

杰出的领导力不仅仅在于完成任务，完成任务说明你是成功者，通过帮助他人完成任务说明你是领导者，但最高层次是一方面培养下属，另一方面帮助他们完成任务，如此你便成为出类拔萃的领导者。培养下属能提高他们的水平，改善工作质量，你和企业也能从中获益，因此会形成共赢的局面。最终结果如何呢？你会成为增加下属价值的领导者，因此他们会主动向你寻求帮助并自愿追随你的领导。

将管理者转变成导师，将工作关系转变成双赢的合作关系，才是目前最有希望解决中国敬业度不高的方案。

华为的管理是通过"发展他人达到目标"。在管理中有两种情形：一种是使用下属达到目标，这时输出的主要是目标，这是任务型的干部；另一种是发展下属达到目标，输出的是目标和团队，这时候，团队的业绩已不依赖于团队领导，这是管理型的干部。大多数管理人员缺乏管理技能与经验，要学会"借力"调动团队中每个人的长处来弥补自己的不足，发展下属是给下属创造成长的机会，到年终总结时，下属的业绩就是你的业绩，下属的进步也是你的业绩，华为更看重的是管理者所带领团队的成长。

任正非曾这样说过："管理者应该明白，是帮助部下去做英雄，为他们做好英雄、实现公司的目标提供良好服务。人家去做英雄，自己做什么呢？自己就是做领袖。领袖就是服务。""主管胸怀要放宽，甘心为奋斗者做阶梯。不要怕你的下级超越你，人与人之间是有感情的、是有交流的。一个人只要充分发挥了自己的才能，只要努力了，就是无愧无悔的。不一定要做到多高职位，不要与别人去攀比。"

一个汽车的（零件）圈，由于总是发现零件有毛刺的问题，一位工人就自己买了一把锉刀，把问题零件的毛刺锉掉，这样，零件就能够 100% 合格了。可是，等到他退休了以后，同样的一批零件却有大部分不合格。原来是他并没有把自己的经验告诉别人。

这个故事在华为引起了很大的反响，也引起了华为管理者的重视。通过这件事情，无论是华为员工还是华为管理者都意识到：为那些工作经验不足、工作技能掌握不到位的新员工找一个"导师"是非常有必要的。

《华为公司基本法》中曾明确指出："中、高级干部任职资格的最重要一条，是能否举荐和培养出合格的接班人，不能培养接班人的领导，在下一轮任期时应该主动引退。仅仅使自己优秀是不够的，还必须使自己的接班人更优秀。"

华为实行的"全员导师制"，通过"一帮一"的帮扶训练方式，让新员工有更多的机会掌握更多的工作常识和专业技能，并迅速成长为骨干。

华为这一做法的意义，有三点：一是可以增强员工的荣誉感，尤其是对于入职时间不长就成为导师的员工，在工作上更加严格地要求自己，在新员工面前更加能够发挥模范带头作用；二是对于新员工来讲，可以使他们迅速地融入企业的大家庭中来，从思想上、感情上尽快地认可企业的制度和文化；三是通过全系统、全方位、全员性的"导师制"的推行，可以形成企业内部良好的环境氛围，层层级级的执行力必然会大大增强。

华为对导师的确定必须符合两个条件：一是绩效必须好，二是充分认可华为文化，这样的人才有资格担任导师。同时规定，导师最多只能带两名新员工，目的是确保成效。

2006 年，任正非在亚太地区部工作汇报会上这样说道："华为大学也要设立导师制，要让在实践中干得好的，有一定带人水平的员工担任。导师也可以分级，有十分高级的，如将级。导师实行轮流制，例如一年，表现优秀的导师应优先得到晋升。"

华为的"全员导师制"，和国有企业过去实行的"师徒制"有相同的地方，又有不同的地方。在华为内部，这一做法最早来自于中研部党支部设立的以党员为主的"思想导师"制度，对新员工进行帮助指导，后来被推广到了整个公司。

华为的这一做法，是全员性、全方位的。不仅新员工有导师，所有员工都有导师；不仅生产系统实行这一做法，营销、客服、行政、后勤等所有系统也都实行这一做法。华为认为，所有的员工都需要导师的具体指导，通过"导师制"实现"一帮一，一对红"。

华为的导师职责比较宽泛，不仅仅在于业务、技术上的"传、帮、带"，还有思想上的指引、生活细节上的引领等等。

导师在带学生期间，公司会单独给他发一笔钱，连续发半年，这笔钱做什么用？导师定期请员工吃饭、喝茶，增加沟通；帮助外地员工解决吃住安排，甚至解决情感等问题。总之，导师要在员工入职之初，给予他工作和生活上全方位的辅导和帮助。

任正非表示：

每一位干部都要认真地去培养接班人。我们的事业要兴旺，就要后继有人。工作成绩优秀的干部，在接班人培养上搞不好，就不能提拔，否则您走了，和尚如何吃水。我们要有博大的胸怀，培养我们事业的接班人，只有那些公正无私的人，才会重视这个问题。只有有源源不断的接班人涌入我们的队伍，我们的事业才会兴旺发达。这些接班人中，应包括反对过自己而犯错了的同志。没有这种胸怀，何以治家；不能治家，何以治天下。

一位高级干部如果不在思想上、教育上帮助接班人成长，就失去了他的责任。高级干部一定要起到传帮带的作用。中、高级干部任职资格的最重要一条，是能否举荐和培养出合格的接班人，不能培养接班人的领导，在下一轮任期时应该主动引退。仅仅使自己优秀是不够的，还必须使自己的接班人更优秀。

## 要拉下"面子"进行管理

作为企业的领导者，部门的管理者，有没有这样的情况，你的下属喊你叫大哥，叫老兄、老弟？如果有，这种"熟人文化"将会导致团队的规章制度形同虚设。

为什么？因为你和下属是兄弟关系，就算犯了点儿错，睁一只眼闭一只眼就过去了。他们为什么要叫你大哥？只有一个目的：他要特权，想凌驾于所有人之上，不按规则办，在团队里特殊化，横着走。

所以，管理者走"群众路线"与群众打成一片，与下属称兄道弟的结果是，下属犯了错误，违反了制度，上司抹不开情面不了了之。后遗症是下属得寸进尺，不拿制度当回事，嬉皮笑脸，整个团队管理接近失控状态。

如果不这样呢？事情就好办多了，咱们是工作关系，契约合同关系，公事公办，该怎么来就怎么来，拿钱干活，规规矩矩，照制度来。为什么？因为大哥不在，我得小心点儿，否则会挨罚的，这就是"生人文化"。

因此，要想把团队带好，必须抛弃"熟人文化"，建立"生人文化"，不给那些投机取巧、耍小聪明的人留有空间，这样一来制度的执行当然就顺畅多了。

抹开"面子"看他人，才能开展好批评。开展批评是揭他人的伤疤、戳别人的痛处，没有一点勇气和智慧也是办不好的。

拉不下情面进行管理的干部不是好干部。任正非表示："干部只要在管理岗位上，就一定要拉开情面，要站在公司的原则上，按公司的利益把价值评价体系贯彻到底。"

任正非在其内部文章《持续提高人均效益，建设高绩效企业文化》中这样写道："各级干部一定要把自己部门内部效率低、不出贡献的人淘汰出去。不能因为他在做工作，与周边关系、上下级关系不错，就一直迁就。如果一个干部不懂得通过主动置换，去创建一个更有效的组织，这个干部是不合适做一把手的。"

华为要求各级干部要敢于坚持原则、敢于管理；对于那些不敢碰后进员工，用离职员工充数，不顾公司利益，自己拉不下"面子"想做好人的干部，要坚决免除其行政管理职务。

任正非表示：

> 各级主管要担负起管理责任，敢于管理、善于管理。随着公司的发展，年轻干部领导比自己年长或资历老的管理者、专家和员工的情形越来越多。但有部分年轻干部对比自己年长或资历老的干部、专家和员工不愿管、不敢管，甚至把他们"晾"在一边。他们其中很多人有经验、有想法、有抱负、想做事，但由于被安排在不能充分发挥作用的岗位上，且岗位被长期固化，造成其价值无法发挥。各级主管要敢于管理，内心认可他们的价值和作用，才能激发他们，才能使用好他们。

柳传志在回顾联想发展历程时，讲过联想内部发生的一件事：

20世纪80年代末、90年代初，几乎所有企业的进口都是不正规的，我们负责进出口的经理个人有经济问题，发现他的问题以后，当时我没敢动他。原因很简单，我们公司在当时确实是人力极为单薄，如果把他换了的话，换上去的是个工人，很可能那工人不贪污比他贪污造成的损失还大。所以就一直等着，等到后来公司招了两个研究生，把他的业务基本掌握以后，这时候才提出要处理他。处理他的时候，我跟他的谈话很有意思，我是与两个副总裁一起跟他谈的，当我给他指出，你有什么经济上的问题的时候，他没有否认。当我说，我要对你进行处理的时候，他还以为就是撤职就完了，再不会有什么了。

当我说要炒他，要他离开公司时，他说了一句话："老柳，我做了这几年的进出口，你把我就这么炒了，你不害怕吗？"我说："我要是没想到怎么回答你这句话，我今天绝不跟你这么谈。你要知道，我是法人代表，你在这家公司里边干了某些违法行为，如果这件事情被举报了以后，就完全是一个企业赔钱受损失的问题，因为这跟我个人毫无利益关系，与我个人无关。现在你也看得很清楚，举报后是公家受损失，科学院受损失，员工会骂你，科学院的人也会骂你。而你呢，如果我把你的事一举报，你最少坐10年牢，你自己想明白。"不仅如此，我接着说，公司在一到两年之内，我们凡是在进出口方面遇到问题的话，或者有人举报之类的问题，我就一律认为是你做的事，我就处理你。后来，这件事就过去了。[1]

---

1 高艳燕.管理策略：管理者如何做到公平［OL］.猎聘网，2013.

## 一唬二凶三骂人？

"慈不掌兵"的说法由来已久。古时兵士一般都是"泥腿子"半路出家，在训练这些士兵的时候，必须要采取"踢屁股、抽鞭子"式的方式。而现今更深层次的意义是指，对员工严格要求，在"排兵布阵攻山头"的过程中决断力强、执行力强，但平时要胸怀宽广，真诚地关心和帮助员工，点燃员工内心的激情和创造力。

华为一些主管对"慈不掌兵"深信不疑，但在实践中却走偏了，理解为在表情和动作上必须要狠，表现出"一唬二凶三骂人"的模样。

根据华为一项内部调查显示，从 2010～2012 年的绩优（A/B+）员工离职率来看，各层级逐年翻倍增长，而 TOP1 的原因就是"得不到信任和尊重，内心的力量和追求得不到激发"；第二个原因是"主管缺乏关心、辅导和认可"。

现在的新生代员工都是大学毕业生，有自信、有个性、渴望被尊重。同时，尽管外籍员工的文化环境不一，但基本的职业礼仪规范以及有礼有节的人际交往却是相通的。如果主管再采取这些简单甚至粗暴的"吹胡子瞪眼"做法，只会使员工感到不被尊重，甚至感到人格受到侮辱，从而损害员工的主观能动性和组织的气氛。

2013 年，华为内部文章《团结一切可以团结的力量》中有着这样的记述："营造尊重与信任的氛围与作风。能创造价值的员工，特别是一定层级以上的管理者与专家，往往具有较强的独立思考能力，有较强的自信与自尊，主管要尊重他们的思想，信任他们的能力，要平等沟通与探讨工作上的不同意见。随意打压员工的思想甚至人格是员工带着怨气离开岗位的常见原因之一。公司能够提供的物质激励和岗位机会不是无限的，但尊重和信任可以有效地吸引员工持续在公司发挥价值。各级主管要通过学习，提升管理能力，改变自身行为，善用沟通、倾听等管理方法，对员工取得的工作业绩要给予及时肯定。要在主航道上，激发员工的主观能动性与创造性。"

人与人之间的尊重是顺畅交流的最基本要求。"尊重"，其实不只是对别人的认可，也是在给自己留余地。任正非曾这样说过："您要尊重您的直接领导，即便您也有能力，甚至更强，否则将来您的部下也不会尊重您，长江后浪总在推前浪。要有系统、有分析地提出您的建议，您是一个有文化者，草率的提议，对您是不负责任，也浪费了别人的时间。特别是新来者，不要'下车'伊始，动不动就'哇啦哇啦'。要深入、透彻地分析，找出一个环节的问题，找到解决的办法，踏踏实实地一点一点地去做，不要哗众取宠。"

某个单位负责人在评价下属工作时，总是过多地指责和批评。久而久之，下属感觉自己的工作成果没有得到认可，人格上也没有受到应有的尊重，心里时常有压抑之感，工作时就会信心不足，情绪低落。

在我们的工作场所，总是充满形形色色的人，即有各种背景的人、有各种性格的人、有不同生活经验的人，我们要尊重个别的差异并要找出共同点。人人生而不同，但对我们工作都会有独特的贡献，切不可只用一种人、用一种方法来做事，身为管理者的你要学习用不同的方式管理不同的人。要承认人的最大特点是人与人之间存在差异，克服自己的偏见，这样才能使公司更和谐，也更具效率。

管理者不愿听取下属的意见，大致原因是认为下属能力不足，意见不具备参考价值，这实际上是个误区。下属能力较你弱或许是事实，但他们并非每个意见都不高明，有些意见可能对方案有补充作用，或者可以通过这些意见本身了解下级在开展工作中会有什么心态及要求。总之，无论从哪个角度讲都有必要认真倾听不同意见，因为一个人考虑问题不可能十全十美。况且，就怎样做成一件事来说也很少有标准答案。我们要的是结果，如果大家齐心协力共同完成一个任务，这不是很开心的一件事吗？

通常，大度、明智的管理者总是允许下属犯错误的，当然低级的、重复的错误除外。对于下属工作中出现的错误，作为上司如果一味埋怨下属，劈头盖脸来一顿斥责，自己心里可能会觉得舒服一点，但这不能解决根本问题，因为错误已经出现了，再责怪也于事无补。对于下属而言，工作有错本来就有一种愧疚心理，再加上劈头盖脸的斥责，就更不好受了。斥责之后，下属除了记住教训之外，更多的是记住领导脾气坏，甚至会导致下属对工作、对上司有抵触心理，不利于工作的有效开展。

日本著名企业家松下幸之助说过，"企业最好的资产是人。"企业的管理者要想实现既定目标，就必须处理好这个"最好的资产"，充分地尊重每一名员工，将他们的积极性调动起来，能量释放出来。为此，作为管理者，必须学会尊重下属。

人与人之间，总是需要相互尊重的。尊重下属，不是在委曲求全，而是在寻找一个能更好地完成工作任务的方法。学会尊重，说小一点是工作方法问题，说大一点，会关乎我们目标的实现。如果我们能以人为本，尊重下属，不仅工作可以顺利完成，而且还会获得下属对我们更多的尊重。

任正非曾明确指出：

> 我们的企业文化，绝不是让各级干部又凶又恶，我们也不支持把这些人选拔进各级管理团队。文化是给大家提供一个精髓，提供一个合作的向心力，提供一种人际相处的价值观，这种价值观是需要人们心悦诚服的。又凶又恶的人是能力不足的表现，是靠威严来撑住自己的软弱，这种干部破坏了华为文化的形象，这种人不是真有本事，我们要及时更换。

延伸阅读

# 职业经理人到华为奋斗者

从一个多年的职业经理人到华为奋斗者的蜕变，伴随着对华为核心价值观和"开放、妥协、灰度"的管理理念从陌生、疑惑、学习到理解、接受、认同的全过程，是自己工作态度、职业选择标准的全新洗涤和审视的过程。谨希望通过此文，帮助更多的社招高端人才，尽快全面融入华为，帮助华为更好地用好这些高端人才。

2015 年 3 月 26 日，一个难忘的日子。在加入华为 33 个月后，我从有着 17 年外企工作经历的职业经理人，自愿转身成为华为的奋斗者。

## 职业经理人的无奈

对华为核心价值观和"开放、妥协、灰度"的管理理念，只有经历了从陌生、疑惑、学习到理解、接受、认同的全过程的人，才能理解。我先后就职于 JOHN&JOHN、Gillette（吉列）、NOKIA（诺基亚）和 MOTOROLA（摩托罗拉）公司，多年的历练，一直以职业经理人自称，根据企业的要求，用专业的知识和管理经验，带领团队按时完成相应的各项指标。

严格来说，我们不会太多关注公司未来的命运。公司发展好，自己有空间，就继续尽职尽责；公司不好，或有更好的发展机会，就跳槽。很多人说我们冷血。理论上因为这只是一份职业，而不是一份事业。同样，我们这群人在企业发展不好的时候，也会被"冷血"地裁掉。在工作上对自己的命运，并无多少自主权，这是职业经理人的无奈。

## 初入华为的不适

2012 年 6 月 12 日，我正式加入华为，参加了为期一周的大队培训，第一次接触了华为的核心价值观：以客户为中心，以奋斗者为本，长期坚持艰苦奋斗，自我批判。经过一周的"洗脑"，我记住了这很"革命"的口号。但也一直在问自己：这与那些外企的 slogan（标语，口号）有什么本质区别呢？

带着这样的疑问我投入到紧张的工作中去。我原定的职责是负责终端中国区的公开渠道。由于是新业务，一开始定义、职责、客户以及团队价值，均不清晰。对于习惯有清晰的指标、R&R（角色与职责）、流程和制度的人来说，像是一拳打在棉花上。同时，各种冲突，各种会议上的争吵，各种误解接连不断。以至于在第一年，我感觉更多的是困惑、无奈、无助，甚至想过放弃。对职业经理人来说，拿着高薪却不能发挥出自己应发挥的价值，对公司来说是浪费资源，对个人就是浪费青春。

现在想来，如果能早日理解"开放、妥协、灰度"的真正含义，也许就不会那么纠结。坦率地说，我必须感谢我的领导，以及其他部门对我的宽容和理解，让我坚持下来。随着时间的推移，工作目标越来越清晰，团队也不断壮大，公开市场也小有成绩，尽管争吵、部门间的误解依然在继续，但是我的心态却趋于平和。

## 尴尬后的新认知

但又开始面对新的尴尬。当客户问我，华为为何有如此大的能量做到销售收入那么出色？我竟不知该如何回答。我才发现，自己并不了解，或者没有主动去了解这个我就职的第一家 500 强的民营企业。一个新的问题渐渐清晰：华为内部有这样那样的问题，但它为何还能持续发展呢？

一次偶然的机会，客户希望了解华为文化，于是我邀请陈培根老师为 60 多名客户做了一次"理性与平实"的培训。我有幸和客户一起学习，自此对华为的文化开始有了新的认识。

都说一家企业的文化，就是这个企业领导者的文化。这句话在华为一样适用，而且更加突出。个人认为，任总首先是哲人，其次才是企业家。而这个哲人与众不同的是，他是从自己的人生经历中，提炼出人生的哲理，而这些哲理就是华为的管理哲学。而他对人性准确客观的洞察，成就了华为运作指引的基础，指引着华为不断从一次成功走向另一次成功。

"开放、妥协、灰度"让华为有了更大的宽容，这种宽容不仅体现在对外的吸收学习，还体现在对内的包容和问题的有效解决。这种环境下，员工才敢于创新，组织才有了更强的内部纠错能力。"力出一孔，利出一孔""不让雷锋吃亏""以奋斗者为本"让华为大部分员工充分理解到，每个人只有全身心地投入，与企业共命运，自己才能有更好的发展。这是一家真正可以把职业当成事业的企业。随着对企业的了解不断深入，对其管理理念的践行，会上不必要的争吵少了，部门间的误解消减了，替代的是合作、协同、理解、支持。

华为 Mate7 手机高配的操盘，让我真正践行了妥协和灰度。而年终奖励的分配，让我感受到了"以奋斗者为本"的喜悦，此时的我已经完全被华为的文化吸引，对其核心价值观，我已信服。今后还需要继续去理解实践。

我坚信这是一家值得用有限的职业生涯为之做无限奋斗的企业。用奋斗者之精神，做职业者之事业。

## 还能再改进吗？

回想过去的 3 年，个人认为还是有一些可以改进的地方。

我想对外部引进的高端人才说，华为的核心价值观，绝不是字面上所表达的意思那么简单。它是一种哲理，早一天理解，早一天融入，早一天不纠结。我们需要以空杯心态，在不同的时间和空间里，慢慢体会、感悟、实践。过去成功不代表现在的成功，企业对我们的认可是战斗出来的，早一天证明自己的价值，早一天实现自己的目标。

我想对华为 HR 组织说，帮助社招的高端人才更快融入华为，除了思想上的开放，更需要可行的方法。要相信这个人的业务能力，尽快推动组织给予绿色通道，先大胆试用。我想这会更好更快地发挥他们的价值，这也是为公司节约资源。

一路走来，我发现即使是华为资深员工、干部，大家对核心价值观、公司领导讲话和文件精神，理解和落地的程度、方向都有所不同，这对文化的传承非常不利，随着人员的不断增加，误差会越来越大。也许需要进一步动作拆解，把意会的东西变成标准化动作，这样才更容易执行。

文化的传承需要多种方法。具体的案例事后总结分析、研讨，更有助于社招人才对华为核心价值观的理解和感悟。

（本文摘编自《职业经理人到华为奋斗者》，
作者：华为干部高级管理研讨班 徐军，来源：华为人，2015）

第二章

# 干部的选拔与配备

# 第一节
# 干部选拔的最高标准是实践

凡是没有基层管理经验，没有当过工人的，没有当过基层秘书和普通业务员的，一律不能提拔为管理层，哪怕是博士也不行。学历再高，如果没有实践经历，也不可能成为一个合格的管理者。

华为董事长孙亚芳曾这样写道："公司在产品集成开发、IT 建设、人力资源、财务、生产工艺等领域请了西方顾问公司，我们这一层管理人员要把自己从具体业务中解脱出来，在管理项目的推进中认真学习，这些项目的推进仅靠管理项目核心组的成员是不可能的，高层的参与和推动是项目成功的关键。我们许多高级干部处在这么好的在实践中学习的环境，还在四处找读 MBA 的地方，还是不甘'无为'。因此，'无为'不是一件容易的事，尤其是甘于在工作实践中去认真改进。"

2016 年，任正非在其新年致辞中这样说道：

我们要提高作战队伍的能力，"少将"，连长首先必须是少将，他们必须具有管理确定性的能力，以及对不确定性事情有清晰的视野与方向感。连队也必须具有师一级的火力。机关的主管，必须有成功的实践经验，而且必须不断循环上战场，为何不可以再有"中奖"班长呢？少将上前线，不仅自己贴近现实，而且对年轻苗子的感染力，是非常有力的传帮带。

华为在很早以前就设置了两条平行的职业通道：（1）管理类——行政干部，其发展路径为：基层业务人员 → 骨干 → 基层管理者 → 中层管理者 → 高层管理者；（2）技术类——技术专家，其发展路径为：基层业务人员 → 骨干 → 核心骨干 → 专家 → 资深专家。

两类职位的级别基本对应，对应的级别可以享受相同的待遇。这样，华为人就有了更明确的工作目标——选择适合自己或愿意去走的职业上升通道，管理型人才可以走管理专家的道路，技术性人才可以走技术专家的道路。两条职业通道的设置，有效地避免了大家都走管理独木桥的局面。

在华为，干部选拔的最高标准是实践，不论你是专家还是管理者。

## 专家要"养用"结合

专家要从实践中来，到实践中去，"养用"结合。

真正的专家要源于一线，也要走向一线。

对于专家的培养，华为有一些人过去有成见和误解，往往认为总部才是专家的摇篮。理由很简单而且看似合理：总部资源丰富，视野开阔，同时距离研发最近，从而做一线时间过长也成了很多人解释自己技术退化、知识沉淀不足的自然而然的借口。这些认识固然有一定的道理，但是仔细推敲却不见得有其内在的必然性，并且容易让人忽视一线实践对于专家培养的重要性。正如有位客户这样评价华为的技术人员：你们有些专家能讲清楚光纤的种类，而讲不清楚光纤的熔接；能讲清楚设备功耗的指标，却无法为我推荐一款可靠的电池；能讲清楚业务发放的流程，却从来没有去过运营商的营业厅。

真正的专家是不能缺少一线经验的，专家最好的给养其实来源于客户。专家一定要从实践中来，到实践中去，要"养"和"用"相结合。学习专业知识，是"养"的过程，业务实践，则是"用"的过程。只会纸上谈兵，不会打仗，不能履行组织使命，不可能成为专家。但掌握专业知识，只是做到了成为专家的第一步，充其量算得上一个"理论高手"。因为在这个阶段，专业知识还只是"生产资料"，尚未形成实现组织绩效的"生产力"。GTS（全球信息科技服务部）作为一个客户服务型组织，要通过服务不断为客户创造价值。而创造价值的过程，就是一个运用专业知识的业务实践过程。因此专家一定要在掌握专业知识的基础上，不断深入业务实践，用自己的专业特长为客户和公司创造价值，同时在业务实践中，将专业知识转化为个人的专业技能，即在游泳中学会游泳。"养"和"用"相结合，使我们不断获得锻炼和成长，这也解释了为什么我们现在选拔专家，一定要看他是不是有过在大项目中摸爬滚打的经历和经验，是否经受过一线战火的洗礼。

"您想做专家吗？一律从基层做起。"任正非曾这样说道：

　　实践是您水平提高的基础，它充分地检验了您的不足，只有暴露出来，您才会有进步。实践再实践，尤其对青年学生十分重要。只有实践后善于用理论去归纳总结，才会有飞跃般的提高。要摆正自己的位置，不怕做小角色，才有可能做大角色。

实践改造了，也造就了一代华为人。"您想做专家吗？一律从基层做起"，已经在公司深入人心。一切凭实际能力与责任心定位，对您个人的评价以及应得到的回报主要取决于您的贡献度。在华为，您给公司添上一块砖，公司给您提供走向成功的阶梯。希望您接受命运的挑战，不屈不挠地前进，您也许会碰得头破血流，但不经磨难，何以成才！在华为，改变自己命运的方法只有两个：一、努力奋斗；二、做出良好的贡献。

## 从有成功实践经验的人中选拔干部

为什么要选拔有成功经验的人呢？华为给出来的答案是："不管大项目成功、小项目成功，他们总有一个适用的方法论，他们已不是仅仅拥有知识，而是知识已经转换成为能力。这些人再被培养后，又善于总结与自我批判，那么他们就会再有一点进步，贡献就会再大一分。"

任正非表示：

我们公司在干部选拔中，第一，一定要强调责任结果导向，在责任结果导向的基础上，再按能力来选拔干部。第二，强调要有基层实践经验，没有基层实践经验的机关人员，应叫职员，不能直接选拔为管理干部。如果要当行政干部，必须补好基层实践经验这堂课，否则只能是参谋。虽然西方在很多价值观的评价上不一定正确，但是西方的很多管理方法都是正确的，我们公司只要把住价值观这道关，西方的很多管理模型我们是可以用的。

在实践中锻炼的人，为企业大发展所需的领导干部提供了后备力量。任正非表示：

> 干部应该有主管本业务的实践经验，相关的实践经验也是可以的。只要是成功过的人，都会对成功有所理解。我因为有相关的实践经验，所以对人力资源的东西能够理解。很多人没有成功过，把握不住成功的突破口在哪，就循环做功课，这样运作的成本很高。领导一定要感悟到哪里是主要作战方向，主要矛盾是什么，要怎么解决才能成功。我们要求有基层成功实践经验，就是每个人都要能抓住主要的东西，这样工作效率最高，成本最低。现在公司机关有些人要去回炉，我主张找些小项目，让他去做小项目经理。小项目麻雀虽小，五脏俱全，做完以后拿来评一评，好就算补完课了。

"上甘岭上不会自然产生将军的，但将军都曾经是英雄。"英雄是优秀的独立贡献者，将军是团队管理者。从英雄到将军，体现的正是优秀独立贡献者到管理者的跨越。

任正非表示：

> 不懂战争的人指挥战争，这一定是高成本。总部机关的干部一定要对自己服务的业务有成功的实践经验，并具有快速准确、任劳任怨的服务精神与服务能力。机关的职员也一定要有服务业务的实践经验。

# 第二节
## 干部要能上能下

我们的干部不是终身制，高级干部也要能上能下。在任期届满时，干部要通过自己的述职报告，以及下一阶段的任职申请，接受组织与群众评议以及重新讨论薪酬。长江后浪推前浪，没有新陈代谢就没有生命，必要的淘汰是需要的。任期制就是一种温和的方式。

华为的干部要能上能下。

怎么上来的呢？华为人力资源部门会收集干部在工作中的绩效数据；人才管理部对每个干部的能力，比如说决断力、商业洞察、战略风险承担等方面都要评估；另外，华为党委会对商业违规的事件进行调查，如果这件事件严重影响到干部的话，会在岗位上把他撤下来。

人力资源部每月都会把这些数据提供给行政决策团队，每一个决策部门有点像政治局常委，每月针对干部的选拔任用和价值评价、价值分配召开例会，看哪些岗位空缺，什么样的干部可以放到这样的位置上，能力、绩效对应的匹配情况。在这个会上大家决策，如果通过，就会做任命公示，面向 15 万员工在网上公开。在 15 天之内，如果没有人投诉，基本上就过关了，如果有人投诉，党委针对性去调查。在海外分公司则由道德遵从委员会去调查是否属实。

华为的干部能上能下，有几个方面的因素：

第一，华为的人群其实是高知识分子人群。也就是说他做不了干部，可以做员工，甚至可以辞职出去，发展是有保障的。如果一个人把他逼得无路可走，是很危险的一件事情，这是华为的人才密度带来的优势。

第二，干部分配上是有保障的。比如说作为公司的一个中高级干部，要是不当干部了，股票分红不会有影响。下来之后利益不会有很大损失，只是把岗位腾出来给别人。

第三，除了管理线之外，还有技术线，就是专业线。假如做不了 20 级的管理者，可以应聘专业领域 20 级的技术人员，这都有相应保障措施。

第四，推行需要大家慢慢形成共识。华为 1997 年才开始做这个制度，到现在大家对能上能下都能接受了。

可以选择低层级的部门做一个试点，慢慢试探一下。如果大家可以接受，再慢慢扩大，这是个人建议。变革本质上来讲就是一个改变利益格局的过程，在这个过程中，这四个方面是值得思考的。

有的人说华为做的事情很好，但拿回去之后发现很难操作，为什么？要看这背后有些因素你是否具备。[1]

---

1 王玲. 华为干部如何做到"能上能下"［J］. 决策参考，2013.

## 市场部集体大辞职

1996 年是华为市场大决战的一年，为了公司发展的需要，市场部干部集体递交辞职和述职报告，接受公司的评审，重新竞聘上岗。1996 年市场部集体大辞职，其实是其从农村市场走向城市市场的一个标志。当时的办事处主任也面临转型，也就是从重关系型转变为综合素质型。这开创了华为干部能上能下的先河，在这次活动中，任正非提出了"烧不死的鸟是凤凰"，也就是干部能上能下，同时也有很多干部几上几下。

任正非表示：

> 华为公司坚决要把"夹心阶层"消灭掉，这是我从苹果公司惨痛的教训中总结出来的。"夹心阶层"指的是那些既没有实践经验，又不理解华为企业文化，还要把他们安置在较高职位上的人员。"夹心阶层"的存在必然会形成不良文化，这种文化最后将导致公司失败。对他们，要压到基层去锻炼，成为自然领袖，从而确立他们在华为的地位。

## 2003 年干部自愿降薪

2003 年新年伊始，以任正非、孙亚芳、洪天峰等高层领导为首，公司总监级以上干部自愿降薪 10% 的 454 份申请书递到了人力资源部。历史似乎回到了 1996 年那场市场部集体大辞职。2003 年，面对电信业有史以来最严酷的冬天，所有的电信设备供应商都在进行痛苦的调整以求活下去。华为并没有像同行那样大规模地裁员，仅仅是制度性地淘汰了一些不能胜任的员工。这次自愿降薪也仅限于总监级以上的行政干部，业务专家和骨干都不在此列（总监级以上干部自愿申请降薪共 454 人，其中批准人数为 362 人，92 人未被批准）。

新陈代谢是自然的规律，华为的事业要不断发展，对干部的要求必然是能上能下。历史上所有的变革，其阻力主要来自当事人本身。

"烧不死的鸟就是凤凰"，有些火烧得短一些，有些火要烧得长一些；有些是"文火"，有些是"旺火"。它是华为人面对困难和挫折的价值观，也是华为挑选干部的价值标准。

毛生江，1995 年已经是市场部总裁，公司要求市场部全体辞职，重新排队。毛生江从一个总裁级的领导被撤下来担任话机事业部的总经理，后又担任山东办事处的主任，业绩良好。2000 年初，任正非又重新任命毛生江为公司执行副总裁，并号召全公司员工向他学习。华为许多人私下称毛生江为"毛凤凰"或者"毛人凤"。

8 年的时光，数易其岗，究竟是一种怎样的心态伴随着他走到了今天？我们透过那条起伏的职业轨迹的波浪线又看到了什么？

如果为毛生江在华为的职业生涯画一条运行轨迹，我们可惊叹地发现是呈"波浪形"的：

1992 年参加开发部 08A 型机项目组，12 月任项目组经理；

1993 年 5 月任开发部副经理、副总工程师；

1993 年 11 月任生产总部总经理；

1995 年 11 月调任市场部代总裁；

1996 年 5 月任终端事业部总经理；

1997 年 1 月任"华为通信"副总裁；

1998 年 7 月调任山东代表处代表、山东华为总经理；

2000 年 1 月 18 日任公司执行副总裁。

## 7000 人集体辞职事件

2007 年 11 月初，新《劳动合同法》实施的前夕，华为出台了一条关于劳动合同的新规定：华为公司包括"一把手"任正非在内的所有工作满 8 年的华为员工，在 2008 年元旦之前，都要先后主动办理辞职手续（即先"主动辞职"后"竞业上岗"），再与公司签订 1 ~ 3 年的劳动合同。所有自愿离职的员工将获得华为相应的补偿，补偿方案为"N+1"模式（N 为员工在华为连续工作的工作年限）。如果某个华为员工的月工资 5000 元，一年奖金是 60000 元，假如他在华为工作了 8 年，那么他得到的最终赔偿数额就是 10000 元（工资＋年奖金平摊）乘以"8+1"，计 90000 元。在达成自愿辞职共识之后，再竞争上岗，与公司签订新的劳动合同，工作岗位基本不变，薪酬略有上升。

此次自愿辞职的老员工大致分为两类：自愿归隐的"功臣"和长期在普通岗位的老员工，工作年限均在 8 年以上。其中一些老员工已成为"公司的贵族"，坐拥丰厚的期权收益和收入，因而缺少进取心。

华为对员工从基本技能培训到领导力、执行力的培养都有独到之处。一个经验丰富的员工显然比刚走出校门的毕业生工作能力强得多，所以重视招聘的华为更重视维系在职员工的忠诚度。但是，像虚拟股份、以工号记资历等措施，也造成部分老员工滋生惰性，丧失创新激情。适逢新《劳动合同法》推出，华为遂顺势而为，用人事震荡来刺激一下老员工，旨在打破"小富即安"的思想，唤醒员工的"狼性"，提升企业的竞争力，为公司注入新的活力。

同时，这也跟通信行业大环境有关。电信行业竞争越来越激烈，特别是大的电信运营商出现大的合并浪潮，由此造成上游电信设备商日子越来越不好过。诺基亚、西门子、阿尔卡特和朗讯都在做并购，并购之后的日子也不好过，并购后厂商利润也在下滑。没有参加并购的公司，如爱立信，日子也不好过，也是出现利润大幅度下滑。

回到华为来看，华为同样面临这样一个问题。财报的数据显示，2006 年，华为合同销售额达到 110 亿美金，销售收入达到 85 亿美金，净利润 5 亿多美金，它的收入是在快速增长，但是它的利润率却在大幅度下降，从 2003 年开始华为的毛利率是 53%，2004 年下降到 50%，2005 年下降到 41%，2006 年只有 36%，下降得非常厉害。在这样一种情况下，华为面临着怎样进行调整的问题，除了开源，在国际市场加大开拓力度，另外一方面就是要节流。华为从 2006 年开始进行定岗定薪，很多员工重新开始在公司内部调整职位，这种调整在华为实际已经进行了一到两年时间。只不过 2007 年颁布的《劳动合同法》进一步促进华为对公司内部结构的调整。

此次人事变革并非"强制性"的，而是允许员工进行二次自愿选择。华为称，不排除有些员工是出于"从大流"的心理而做出"辞职"决定，因此提出这部分员工可以再次做出自愿选择的建议：他们可以退出"N+1"补偿，同时领回原来的工卡，使用原来的工号。事实上，到最后，没有任何员工提出要退回"N+1"经济补偿、领回原来的工卡、使用原来的工号。

根据华为的通告显示，这次大辞职事件总共涉及了 6687 名高、中级干部和员工。最后的结果是，6581 名员工已完成重新签约上岗，共有 38 名员工自愿选择了退休或病休，52 名员工因个人原因自愿离开公司寻求自己的其他发展空间，16名员工因绩效及岗位胜任等原因离开公司。

这份通告将此次事件总结定性为"7000人人事变革事件"，并称这将与"1996年市场部集体大辞职""2003年IT冬天时部分干部自愿降薪"一样，永载华为史册。

辞职后又重新上岗的员工没有提出过多反对意见，另外，他们拿的补偿金比较高。即使离开了华为，有在华为的工作资历，在深圳找份新工作并不难。

这种激进的做法在当时引起舆论哗然，我国官方甚至介入调查华为此举是否有违法之嫌，但出乎意料的是，华为员工竟然没有出现激烈的抗争行动，辞职再回任的比率甚至高达99%。

这是因为不回任者必须在离开前将股份卖给公司，而重聘者可能被降阶降薪，但持有股数不会因此稍减，只要公司继续成长获利，他依然可靠持股享受分红好处。

这个做法，让华为一方面保全了资深者作为股东的利益，一方面又促进新陈代谢，让一批更年轻、更有能力的人上来，担当与其绩效相符的职位。

华为干部不是终身制。任正非曾这样讲过："华为不可能有永恒的高速度，每个人的素质、个人学习努力的程度、自我改造的能力差异都很大，怎么可能步调一致地推动公司前进。至少，我看不清华为未来长远的前景。所以，我们不能懈怠，干部能上能下一定要成为永恒的制度，成为公司的优良传统。

"公司是一定要铲除沉淀层，铲除落后层，铲除不负责任的人，一定要整饬吏治。对于一个不负责任而且在岗位上的人，一定要把他的正职撤掉，等到有新的正职来时，副职也不能让他干。对于长期在岗位上不负责的人，可以立即辞退。若不辞退，这个队伍还有什么希望呢？若你不能认识到这个问题，你就不会有希望。没有一个很好的干部队伍，一个企业肯定会死亡。

"不能坐下来讨论干部队伍建设问题，应在战争中调整，不合适的就要下去，包括对所有的高级干部，我们都不会姑息养奸，大树底下并不好乘凉。整改干部队伍的目的，是要公司活下去。要想活下去，只有让那些阻碍公司发展的人下去，或者说把那些不利于我们发展的作风彻底消灭，公司才能得以生存。这也是我们整改的宗旨。

"我们的干部不是终身制，高级干部也要能上能下。在任期届满时，干部要通过自己的述职报告，以及下一阶段的任职申请，接受组织与群众评议，重新讨论薪酬。长江一浪推一浪，没有新陈代谢就没有生命力。必要的淘汰是需要的，任期制就是一种温和的方式。

"江山代有才人出，要一代代去巩固。不能说每一个干部都能够在岗位上持续发展，老一代退下去是很正常的。所以我们建立了一个机制，就是说你跟不上了，身体不行了，虽然职位调整下去了，但你的股票不会动。

"如果我们不能形成一种有利于优秀人才成长的机制，高速前进的列车不能有上、有下，那么列车的运行就不能脱离开生命的束缚，我们必将走在盛极必衰的路上。所以要加强新干部的提拔，特别是艰苦地区，新干部不提拔，我们的商业模式就继续不下去了。"

# 第三节
# 注重人的大节

1998 年，华为管理层内部文章《以做实为中心迎接大发展》中这样强调："提拔干部要看政治品德。真正看清政治品德是很难的，但先看这人说不说小话，拨不拨弄是非，是不是背后随意议论人，这是容易看清的。（说小话、拨弄是非、背后随意议论人）这种人是小人，政治品德一定不好，一定要防止这些人进入我们的干部队伍。茶余饭后，议论别人，尽管是事实，也说明议论者政治不严肃，不严肃的人怎可以当干部。如果议论的内容不是事实，议论者本人就是小人。"

任正非在文章《华为的红旗到底能打多久》中再次强调选人要注重德：

对人的选拔，"德"非常重要。要让千里马跑起来，先给予充分信任，在跑的过程中进行指导、修正。从中层到高层品

德是第一位的，从基层到中层才能是第一位的，选拔人的标准
是变化的，在选拔人才中重视长远战略性建设。

现代管理学之父德鲁克在其文章《德鲁克日志》中有过这样的表述："当考察管理者是否诚信时，人们必定会非常重视他人品是否正直。这一点必定首先会在管理者的人事任用上体现出来。因为领导者正是通过其正直的人品，才能够实现其领导。领导者也正是通过其正直的人品，才树立了别人效仿的榜样。在人品这一点上，人们无法弄虚作假。一个领导者的同事，尤其是他的下属们，只要和领导者共事几周，就会知道他是否正直。他们可以原谅别人的无能、疏忽、缺乏安全感甚至是粗鲁无礼，但是他们却无法宽恕别人不正直，他们也无法宽恕领导者选用不够正直的人。

"这一点对企业最高领导层的重要性是毋庸置疑的，因为一个组织的精神是自上而下树立起来的。如果一个组织富有精神，那是因为它的最高领导者精神崇高。如果一个组织腐败，其根源在它的最高领导者。正所谓'上梁不正下梁歪'，如果一个员工的人品不能成为其下属效仿的榜样，最高领导者就绝不应该将他提拔到重要的工作岗位上。"

在华为，选拔中高层干部过程中，要求把干部个人品德看得高于一切：遵守纪律，有高的道德情操，忠于公司、忠于集体利益才是华为选拔的重要基础，不能唯才是举。

任正非在2004年三季度国内营销工作会议上这样讲道："审查干部的标准，第一位是品德，敢于到艰苦地区工作、敢吃苦耐劳、敢于承担责任等也是品德的一部分，不光老实是品德，品德的含义是广泛的，要优先选择品德好的人做我们的干部。历史上太平盛世时期的变法大

多数都失败了，特别是王安石，他选拔的大都是投机、吃里扒外的干部，后来就是这些干部埋葬了他的变法。所以我们在太平盛世要选择品德好的人上岗，才能保证公司的长治久安。"

在华为后备队选拔时，品德和干劲作为一票否决的基础指标；在华为大学培训和平时培养中，以技能和素质为主，品德贯穿始终。

2011 年，任正非强调："行政管理团队主要是管人，心理素质不好的人和生活作风有欠缺的人，都不要进入行政管理团队，他们可以做普通管理干部或业务专家。"

## 第四节
## 永不满足的进取心

进取心是什么？美国奥里森·马登《高贵的个性》一书的扉页上有几句话清晰在目：进取心是完成崇高使命和创造伟大成就的动力，它是一种极大激发人们抗争命运的力量。于一个企业是如此，于一个民族中的每一个个体依然如此，进取心最终会成为一种伟大的激励力量。

任正非表示："人要有进取心，要努力，要做出贡献，但是也要有满足感。自己的力量发挥到最大，就应对人生无愧无悔。"

很多人都患有"目的地综合征"，他们认为自己能在企业中得到某个职位或到达某个层级，那他们就到达"终点"。一旦得到自己想要的职位，他们就会偃旗息鼓、安于现状。这简直是浪费潜力！在职业生涯中拥有上进心是人之常情，但是永远不要为自己设立"终点"。与之相反，在制定职业规划时不要有什么条条框框。很多人并不清楚自己一生中的潜力有多大，只是他们设立的目标太低。

奋斗、永不满足的进取心永远是华为的主旋律。"来，海涛，我们以咖啡代酒，为拿下TTT维保合同干一杯。"华为用服主任管伟对服务经理邢海涛说道。得知处理订单的客户有可能因休假而影响订单的下发后，管伟与邢海涛便在周日驱车400多公里到曼彻斯特拜访客户。也许客户被这份寒冬中的热情和专注所感动，原本已经休假的客户，周一早上便早早来到办公室与管伟、邢海涛就合同条款做最后的确认。签字后，客户给采购部打去了电话："尽快完成流程处理，争取今天给华为发出订单。"看着电脑中收到的电子订单，管伟和邢海涛悬着的心终于落下。其实在全球各地，每天都会有华为员工各种各样的优秀事迹发生，他们面对的可能是自然天气、生活环境、疾病威胁、战争危险、竞争激烈等种种困难险阻，但华为人身上总有一股拼搏进取、积极向上、不畏艰难、永不服输的精神。

任正非表示："我们腐败最主要的表现就是惰怠。"华为有些干部、员工，沾染了娇骄二气，开始沉迷于享受生活，放松了自我要求，怕苦怕累，对工作不再兢兢业业，对待遇斤斤计较。

任正非表示："不要以为挣到钱了，舒服了，就可以惰怠了。我们腐败最主要的表现就是惰怠，挣了钱不想好好干活，是惰怠！小富即安，安于现状，不思进取，就是惰怠！曲意逢迎，欺上瞒下，拉帮结派，也是惰怠！今年可能会分很多钱，人力资源系统给我一个报告，他们非常担心。挣钱越多，越是公司最危险的时期，为什么呢？因为人会因此而惰怠。唯一阻止公司发展的就是内部腐败，这个腐败就是惰怠。因此，要加快管理干部的末位淘汰，来增加中层干部的危机感和压力。高层干部也一样，因为高层干部是公司直接选拔、公司看得见的，你后进了，就要你下去的。因此在这个历史过程中，公司的车轮滚滚往前走，我们绝不会停息的，停息就意味着后退，停息实际上就是走向死亡。"

你越优秀，追随你的人越多。如果你正在学习领导学，那你希望向任正非学习还是向杂货铺老板学习？这两种人无法同日而语，为什么呢？因为你最尊敬精明能干、经验丰富的人，也希望从他们身上学到更多。

能力是信誉的关键因素，信誉是影响力的关键因素。如果人们尊敬你，那他们会对你言听计从。林肯总统曾说过："我不看重今日较昨日没有进步的人。"关注自身进步你才能不断进步。

本·富兰克林曾说过："通过自我提升，世界也会变得更美好，但是别担心进步太慢，只要别原地踏步就行。忘记自己的错误，记住得到的教训。"那你怎样才能不断进步呢？答案就在于抓住今日提升自己。

任正非在其文章《华为的红旗到底能打多久》中这样写道：

公司也很重视优秀员工的晋升和提拔，我们区别干部有两种原则：一是社会责任（狭义），二是个人成就感。社会责任是在企业内部，优秀的员工对组织目标的强烈责任心和使命感，大于个人成就感。以目标是不是完成来工作，以完成目标为中心，为完成目标提供了大量服务，这种服务就是狭义的社会责任。有些干部看起来自己好像没有什么成就，但他负责的目标实现得很好，他实质上就起到了领袖的作用。范仲淹说的那种广义的社会责任体现出的是政治家才能，我们这种狭义的社会责任体现出的是企业管理者才能。我们还有些个人成就欲特别强的人，我们也不打击他，而是肯定他、支持他、信任他，把他培养成英雄模范。但不能让他当领袖，除非他能慢慢改变过来，否则永远只能从事具体工作。这些人没有经过社会责任感的改造，进入高层，容易引致不团结，甚至分裂。但基层没有英雄，就没有活力，没有希望。所以我们把社会责任（狭义）和个人成就都作为选拔人才的基础。企业不能提拔被动型人才，允许你犯错误，不允许你被动。使命感、责任感，不一定是个人成就感。管理者应该明白，是帮助部下去做英雄，为他们做好英雄，实现公司的目标提供良好服务。人家去做英雄，自己做什么呢？自己就是做领袖。领袖就是服务。

## 第五节
## 用人所长，不求全责备

在微软公司，比尔·盖茨让每个员工都拥有一间独立的办公室，员工在室内种花、养鱼、听音乐，他眼不见耳不闻，只看到员工创造的滚滚财源。毫无疑问，看到别人优点的人才会推动社会的进步，才有企业的发展壮大，才有财富的创造与增加。相反，只会盯着别人缺点的人，抓住别人的缺点不放的人，只会越陷越深，萎靡不振，处处碰壁。

《资治通鉴》记载，唐太宗要求封德彝推荐有德行的人才，但很长时间不见他推举一人。太宗责怪下来，封德彝回答说："不是我没有尽到责任，如今实在是很难发现特别有能力的人才呀！"太宗说："君子用人如同使用器物那样，是使用各自的长处。古代能治理国家繁荣富强的君主，岂是借用了上几代的人才？问题在于我们没有发现人才的本领，怎么可以冤枉当今整整一代人呢？"

俗话说："金无足赤，人无完人""尺有所短，寸有所长"，任何人都是优点和缺点的复合体。如果老是盯着一个人的缺点，就会感觉这个人一无是处。

华为在内部文件中一再强调"优点突出的人往往缺点也很突出，审视其缺点时要看主流"：

> 我在 2012 实验室讲一下战俘和完人的故事，我们不需要那么多完人。（郭平：宁要有缺陷的战士，不要完美的苍蝇）麦凯恩竞选美国总统的时候说了一句话，"我在越南当过俘虏，我为国家出过力，所以我要竞选总统"。美国英雄主义的价值观，也促使美国强大。【来源：任正非在 2012 年 7 月 27 日 EMT（经营管理团队）办公例会上的讲话】
>
> 公司要崇尚一种价值观，也要容忍一部分英勇的人有缺陷。对优秀人员，是对他约束多一点还是激励多一点？还是要激励多一点。不能要求他们成为完人，优秀人才的劳动态度考核并不重要，结果才是最重要的。但对一般性的人员，没办法很清晰地评价结果，结果评价的成本高，所以我们把劳动态度作为约束条件。劳动态度的评价结果，不作为破格升级的必要条件，就是给各级部门一个信号，不要动不动就把这个作为武器去约束一些特殊人才。以后破格提拔的，大部分可能会是专家，对于管理干部，任用机制慢慢走向正轨以后，大多数干部的评价还是得到肯定的，有部分专家可能是埋在深山里面，大家不知道，会突然冒出来。（来源：任正非在 2012 年 7 月 27 日 EMT 办公例会上的讲话）

当有人告诉林肯总统，他新任命的总司令格兰特将军有贪杯的毛病时，林肯回答道："要是我能知道格兰特将军喝的是什么品牌的酒的话，我就会向其他将军也各送上一桶。"林肯是在肯塔基和伊利诺伊州边境长大的，他不可能不知道喝酒的危害。然而他也知道，在所有的联邦政府将军中，只有格兰特被证明是有能力运筹帷幄、决胜千里之外的。事实也证明，任命格兰特将军为联邦军总司令已成了南北战争的转折点。这是一次非常成功的任命，林肯的用人政策是求其能发挥专长，而不是考虑他必须是个"完人"。

美国钢铁工业的老祖宗安德鲁·卡内基，他墓志铭上的一句话可以说是再好不过的注解了："这里躺着的人，懂得如何使能力比自己强的人在他的手下充分发挥作用。"

也正如德鲁克所说："除非管理者能刻意发掘下属的长处，并试图在工作中发挥他们的这些长处，否则的话他将会面临一种'这个做不了，那个又不能做，到处是缺点，既完不成任务，又缺乏工作效率'的局面。"

德鲁克强调，人的优点与缺点只有一个标准，那就是是否能为客户创造价值。至于老板或上司喜不喜欢，那并不重要。既然如此，管理者最重要的工作，就是以客户为标准去发现人的长处，发现长处就等于发现业绩的重大机会。不仅要发现自己的长处，还要发现上司、同事、下属甚至客户的长处，即"360度发现长处"。德鲁克一针见血地指出，一个管理者如果过于在乎下属不能干什么，而不是在乎他们能干什么，在乎如何去回避下属的缺点，而不是考虑如何发挥他们的优点，这说明他本身可能就是个弱者，因为自己不行，于是就将别人的长处当成对自己的一种威胁。

华为强调，要承认不同人才在组织中的不同价值贡献，各类人员存在的问题和面对的挑战也各不相同，为此，不能简单、机械、教条地用一套人力资源方法去解决各自不同的问题。

一个了解自己士兵的将军才能带领军队打胜仗，一个了解自己学生的老师才能上好课，一个了解自己球员的教练才能带领队伍赢得球赛。同样，一个了解自己员工的领导才能带领企业成功。在华为，市场部、研发部以及服务部等，各个部门领导都管理着一大批员工。作为部门领导，要对员工的行为做出正确的判断，就要和员工进行更多的沟通，更多地了解员工的想法，尽量做到既不姑息养奸，也不错怪好人。任正非曾经说过，"华为最大的优势和劣势都是年轻，年轻人不怕失败，有冲劲，是华为的希望，同时，年轻人也容易冲动、易犯错误。"因此，任正非提醒公司各级领导人，要严格把关，正确引导下属的行为，鼓励下属改进。

任正非表示："思想不经磨炼，就容易钝化。那种善于动脑筋的人，就越来越聪明。他们也许以身尝试，惹些小毛病，各级领导要区分他们是为了改进工作而惹的小毛病呢，还是责任心不强而犯下的错误。是前者，你们要手下留情。我们要鼓励员工去改进工作。"

任正非在其2016年新年致辞中再次提到：

> 我们要对各级优秀干部循环赋能，要在责任结果的基础上，大力选拔干部，内生成长永远是我们主要的干部路线。我们要用开放的心胸，引进各种优秀人才，要敢于在他们能发挥作用的方面使用他们。
>
> 我们要不拘一格地选拔使用一切优秀分子，不要问他从哪

里来，不要问他有何种经历，只要他们适合攻击"上甘岭"（各部门、各专业、各类工作……不要误解了只有合同获取才是"上甘岭"）。我们对人才不要求全责备，求全责备优秀人才就选不上来，"完人"也许做不出大贡献。除了道德遵从委员会可以一票否决干部外，对工作中的差错，要宽容，不抢答的干部不一定是好干部。见风使舵、跟人、站队，容易产生机会主义。选拔各级干部要实行少数服从多数的表决制，向上级团队报告应是本团队的集体意见，应告知上级团队每一个人。私下与上级团队沟通的内容，以纪要形式再在上、下两级团队中沟通。对破格提拔的，推荐人要在2年内承担连带责任。即使道德遵从委员会一票否决，但否决期只有6个月，6个月以后可以重新提名，已改正，不再否决，就可以使用。不要随意否定一个冲锋的干部。我们一定要促使千军万马上战场。

# 第六节
# 大仗、恶仗、苦仗出干部

华为优先从实践人员中选拔干部。如今，华为同时将各部门一些优秀的苗子，放到最艰苦地区、最艰苦岗位去磨炼意志，放到最复杂、最困难的环境，锻炼他们的能力。干部可以空投到艰苦地区去锻炼，然后才能提拔，成为将军。华为优先选拔在艰苦地区工作的员工。

任正非表示：

> 长期艰苦奋斗，也是以客户为中心。你消耗的一切都从客户来的，你的无益消耗就增加了客户的成本，客户是不接受的。你害怕去艰苦地区工作、害怕在艰苦的岗位工作，不以客户为中心，那么客户就不会接受、承认你，你的生活反而是艰苦的。

## 大仗、恶仗、苦仗出干部

任正非强调："大仗、恶仗、苦仗出干部。"他表示：

> 我们强调在一些艰苦地区和国家工作的干部，如果这个干部在市场做了也称职，不要虚位以待，就让他上。我们要从那些愿意干的人中选拔。所以对不同地区工作的干部要有不同的认识、选拔、甄别，要让他们上岗，可以当代表、副代表，可以把工资涨起来，有需要就要有导向。

知识要在实践中成熟为经验与能力。因此，华为强调文化素质较高的员工，应到一线去，到艰苦的工作中去取得成功。

要在艰苦地区，培养一批优秀的干部，这是华为的既定方针。"上甘岭"是不会自动产生优秀干部的，但优秀的干部必然产生在艰苦奋斗中。

> 大仗、恶仗、苦仗一定能出干部。总部机关、产品体系都要派后备干部到艰苦地区锻炼，在艰苦环境中成长，公司要在"上甘岭"培养和选拔干部。

任正非在其文章中这样写道：

> 第一，为什么不可以让英雄走向将军之路呢？
> 自古以来，英雄都是班长以下的战士。那么英雄将来的出路是什么呢？要善于学习，扩大视野，提升自己的能力。不仅要产粮食，而且要把"五个一"工程提前完成。然后，我们把

他们送去需要的地方奋斗，我们暂且叫他们"准将"，准备当将军。准将并不是高于大校的职位，而是准备当将军的士兵。因为艰难环境考验了你，你是英雄，如果只是发个奖章戴着，还只是奖章，如果我们给英雄赋能，就会不同。

其他艰苦地区也是一样。西非地区部说你自己很赚钱，但因为埃博拉，大家不愿意去西非。西非地区部不能只想着依赖计划保障模式，要把正向激励做起来。对西非的英雄要加快对他们的循环赋能，让他们大批走向准将。西非地区部要建立良好的保障系统，创造自己的小环境，提高员工生活质量，比如把食堂装修漂亮，里面有音响设备，外边不能玩了，大家还可以在家里跳跳舞。小环境指行政费用开支等，艰苦地区保障部逐个国家讨论，拿出意见来。

片联要加快选拔优秀的、有眼光的、有见解的人，加快赋能培训，西非就是一个炼炉，到那里去炼一炼，出来也是准将，有谁不愿意去西非呢？

他们的考核基线，与北京、上海不一样，放宽你们一些考核基线，你们出成绩的机会就多了。既然你们赚钱多，可以给你们一些政策，薪酬包改变要快，职级提升也要快。当然，你们想当"官"，我可以理解，但华为的"官"只有一个统一标准，你们应该加快循环赋能。公司民主选举"明日之星"，如果别的地区部表彰20%，那你们可以表彰多一些，这次可以先试点。

第二，片联要把艰苦地区干部循环出来赋能。

片联说这个地方需要谁，就让他在那里堵机枪，身体已经被打穿了7个孔，还堵得住吗？你就拉回来到重装旅、重大项目部或项目管理资源池去循环培训，然后他也达到了跟别人同级的水平，别人只能定个上尉，他就可以定高一些。这样激励那些曾经历英雄考验的人，在华为能比别人更容易担负起担子来。

我们认为代表、CFO要全球流动，随时流到艰苦地区去。如果可以做代表，先分到西非、利比亚等地去做个代表、副代表试试。如果他只能在好地方做代表，流不动，将来我们就是死水一潭。

## 选拔干部第一选的是干劲

任正非表示："在华为创业初期，除了智慧、热情、干劲，我们几乎一无所有。"

在华为初期，各个部门的工作紧张而有节奏，每天匆匆地来，匆匆地回。每个人都鼓足了干劲，午休垫子一铺倒下就睡，晚上加班是家常便饭。在他们身上，可以看到对事业执着的追求和热爱，看到了点滴进取和持之以恒的努力，也可以看到华为的未来和希望。

任正非表示：

我们公司越来越开放了，越来越开放了以后，我们认为我们越来越互相理解了。我们在选人的时候，除了品德合格外，我认为能力与干劲是重要的。这个人有这个能力、有这个干劲，就可以让他做这个工作，为什么一定要资历呢？这样的话，一大批年轻的干部，就迅速成长起来了，挑起担子。我们完全靠原有的干部成为世界第一是不现实的。

华为在加快全球化步伐、建立全球化管理架构的同时，也要在全球范围培养、提拔一大批有使命感、有战略思维、善经营、有干劲的干部，充实到各级管理团队中，创造干部队伍内部的良性竞争机制。考核干部不光看技能，没有奋斗意志、没有干劲的干部，不能带兵，要将其从各级行政管理岗位上调整出来。

## 以全球化的视野选拔干部

早在 1994 年，任正非就喊出了"十年之后，世界通信制造业三分天下，必有华为一席"的"狂言"。意味着华为将不可避免地走上全球化的"不归之路"。但华为"出海"的底气究竟在哪里？

"中国是世界上最大的新兴市场，因此，世界巨头云集中国，公司创立之初，就在自己家门口碰到了全球最激烈的竞争。"华为在国内的竞争中，以"开放、进取"的姿态，"像海绵一样"虚心吸取世界先进的研发机制、营销方法、管理手段和竞争规则。在人力资源管理方面戴上"美国帽"，在产品研发管理和供应链管理方面穿上"美国鞋（IPD、ISC）"，在生产和品质管理方面装上"德国芯"，通过不断的管理变革，逐步构建起了以客户为中心、以市场为驱动的"端到端"流程型组织。这些全球一致的商业逻辑和管理精髓，为"逐鹿天下"夯实了基础。华为从来没有因国家政策扶持而放松，也不像互联网新贵们如此专注于只接中国的"地气"。因为任正非心里清楚：与国际一流对手在全球市场上拼杀，是中国企业走向世界级的必由之路。

华为为什么要进行全球化扩张？用任正非的话表达，就是为了"活下去"。华为从 19 年前走出国门，屡战屡败，屡败屡战，并最终成为世界 500 强排名第 285 位的全球通信行业领导者。

干部队伍建设是华为全球化扩张的瓶颈。华为未来所需要的管理者是对市场有深刻洞察能力和宽文化背景的人，要大胆、开放、积极地引入外籍职业管理者和外籍专家，与华为的优秀青年组成混合团队，建设"混凝土"组织。

任正非表示：

> 未来公司需要什么样的干部？我认为未来公司需要的管理干部是对市场有深刻体验和宽文化背景的人。宽文化背景怎么理解？大杂烩，什么都懂一点。要成为高级干部都要有宽文化背景，干部要进行必要的循环，这是宽文化学习的好机会。我认为是很重要的，是非常有意义的，是对大家的培养和关怀。
>
> 我们的基本策略是通过引进少量高成本的明白人，带起来一批低成本的聪明人。我们招进来的明白人，主要要利用其经验和方法，把自己的队伍带起来。我们自己的年轻人其实悟性好，激情也高，就是没经验、没方法，有个明白人带一带，他们就能做得好。大胆、开放、积极地引入外籍 CFO、外籍专家，与华为的优秀青年组成混合团队，建设财经"混凝土"组织。我们要让有为的员工走上合适的管理与专家岗位。过去我们的管理开放不够，使一些优秀人才得不到充分发挥，欢迎他们回来，与我们一起奋斗。

可以说，任正非是一个将实用主义用到极致的企业领袖，但他同时极为注重实用主义与战略眼光的嫁接。他要求高管提升市场前瞻能力。在他看来，未来的领袖要有两个条件：技术洞察能力和市场洞察能力。而华为缺少的正是有这种系统思维的战略家和思想家。他提出，将来华为的轮值 CEO 要做思想家，手脚都要砍掉，只剩脑袋；首席 ×× 官要做战略家，应该站在全局视野上看系统结构，先将他们的屁股砍掉，让他们不能坐在局部利益上。"现在有些高级领袖整天忙于日常事务，没时间去想系统结构，打仗主要还是靠方向，而不是投入兵力多少的问题。"他说。

任正非认为华为要走向世界级，必须有一批战略家和思想家出现，"如果我们都只会英勇奋战，思想错了，方向错了，我们越厉害就越有问题。所以我们希望你们中间能产生思想家，不光是技术专家，要产生思想家，构筑未来的世界。"

所以他经常给高端专家、干部讲："遥望星空。"他提出，高端专家、干部要多参加国际会议，多与别人喝咖啡交流，在宽松的环境下，可能听到世界高层的人讲话的真谛。任正非用一个比喻来说明：

> 大喇叭口向上是望星空，吸收宇宙能量；喇叭口向下传达到博士、准博士……培育未来的土壤。这两个锥形体连接在一起就是一个拉法尔喷管，拉法尔喷管就是火箭的发动机，产生强大的动力，火箭就上天了。这样，华为的未来才会像火箭发射器一样。我们已经有些"将军"了，下面要成为思想家的时间更漫长，我们已经等不了这么长时间，我们三五年内一定要决策出我们的战略是什么。

# 正确的价值观和干部队伍

坚持干部选拔制和干部在成功实践中成长的原则，大力提拔和磨练具备基层成功实践经验的年轻干部，加强专家队伍建设，让想干、能干、干得好的人才成为焕发组织活力的源泉。

"猛将必发于卒伍，宰相必取于州郡"，坚持贯彻以责任结果为基础的"赛马文化"，其核心理念是"以责任心、使命感和绩效选拔干部，用发展机会激励和培养人才"。"快马是自己跑出来的"，要强调管理者必须具备基层成功实践经验；"让想跑的马有机会跑，让能跑的马跑得快"，给绩优的员工、管理者尤其是年轻的优秀基层管理者更多承担责任、展示才华的机会；"让跑得快的马跑得更远"，针对多业务全球化形势下领导力的短板，坚持员工对自我发展负责，在从实践到理论再到实践的循环中成长的原则下，给一定层级绩效优秀又有强烈个人发展意愿的干部提供自行发展的机会，让他们具备跨领域、跨文化的管理经验和能力。

在一个庞大的组织中让优秀人才脱颖而出、发挥出能量，并不是一件容易的事，因此要有特别的制度安排，高级干部要善于发现好苗子，在幼苗破土时要给予关怀和支持，但在其成长阶段要允许他们在实践中经历风雨磨砺，优胜劣汰而不要拔苗助长。

我们需要培养、引进大量的业务专家来管理越来越复杂的业务，各级行政长官只有敢于承认自己"有所不知"，才能真正对专家赋权，只有对专家赋权，使他们真正在业务决策中发挥作用，组织才能获得赋能；同时专家也必须深入项目、深入基层实践，勇于担责，真正发挥专业价值。

要广纳天下英才为我所用，获取人才要视野开阔，不仅仅要从公司内部发现、培养优秀人才，也要关注公司以外的优秀人才。

优秀人才要能找得到，还要能用得好；用得好，才能留得住。主管胸怀宽广才能用好人才，听得进不同意见才能鼓励下属畅所欲言、集思广益，妒贤嫉能的结果一定是有才之士纷纷离去。人才使用中要用心做好人与岗的匹配工作，既要坚持围绕岗位要求选拔和配备合适的人员，也要关注员工个人的能力经验特点和发展意愿，让员工在合适的岗位上人尽其才、才尽其用，内部人才市场要在这个过程中发挥积极的作用。

要承认不同人才在组织中的不同价值贡献，各类人员存在的问题和面对的挑战也各不相同，为此，不能简单、机械、教条地用一套人力资源方法去解决各自不同的问题。公司近期逐步形成的人才金字塔管理思路和机制，就是要根据不同类人群的特点和管理问题，针对性地制定"选、用、留、育、管"政策和解决方案，从而使不同人才的问题得到针对性解决，充分发挥他们的作用。

只有落实好以上政策和措施，我们才有可能吸引、留住更多优秀人才让他们尽情发挥，把华为打造成组织追求和个人价值共赢的事业平台，让人才成为华为事业壮大的发动机。

（华为副董事长兼轮值 CEO 胡厚崑在华为 2013 年年度干部工作会议上的发言）

# 如何使用有个性的员工？

我于2000年来到华为，那时个性鲜明、固执己见，不太爱处理人际关系，容易与领导和其他同事争执，甚至出现当面与主管拍桌子的情况。自己做主管后，才觉得当年那种"愣头青"的行为是多么的不合时宜。让我庆幸的是，我的历任主管对于我的不成熟给予了宽容和辅导，帮助我一步步成长。

有一年，我连续推动了几项重要的工作，但由于个性太直，得罪了周边的不少同事，我本来想着当年的考核会因此而受到比较大的影响，但后来主管不但没有计较，还为我申报了金牌奖，虽然最终没有被评上，但我对主管的信任相当感激。主管对我说，你虽然个性鲜明，但优点也突出，不计较一时得失，主动、执着、不挑任务，一旦认定目标，就一定要做到。这种品质值得欣赏。

主管这种对事不对人的管理风格深深地影响了我。每个员工都有自己的特点，有能力的人往往个性也很鲜明。我从我的主管那里学到了欣赏员工个性，发现优点，通过引导，将会创造出让你意外惊喜的价值。当我后来也成长为主管后，也经常提醒自己不要以偏概全，不要因为员工的某些缺点而否定他的工作。

员工 A 是某个网元的架构师，性格比较敏感，善意的批评可能会影响他的情绪，与下游部门几乎无法沟通，合作性非常差，是团队中的另类，原主管希望调换一下他的岗位。联系到自己的经历，我下意识地觉得需要先深入去了解一下该员工后再做安排。这名员工名牌大学本硕毕业，基础不错，在项目组工作一段时间后，我发现他个人非常愿意钻研。而当时我们在开发的一件产品也正好没有太明显的上市压力，我就把这项工作全权交给了 A，给他制定了目标，作为小组长，他对小组成员的成长也要担起责任，员工 A 对我们的信任和辅导很感动。接受了这个极富挑战的艰巨任务后，员工 A 边工作边学习，经常是办公室最晚离开的一个。后来 A 取得的进步让我们都感到非常吃惊，几年来连续推出多个演进版本，在网上被大量使用，运行稳定，服务全球 20 亿用户。员工 A 在奋斗中也不断完善自己的性格，周边同事对他的认同度很高。

员工 B 加入我的团队时是软件组的一个 PL（项目组长），随版本转维，别人对他的评价是，小聪明多，哥们义气重，需要注意对团队的负面影响。我本身性格直爽，不喜欢拉帮结派，对于 B 的使用，我有些犹豫，甚至不想让他转维。由于不熟悉他，我在犹豫中接受了他。

工作一段时间后，我逐渐发现 B 的小聪明更多是用在了团队联络上，并非是为了一己之私或者拉帮结派。鉴于 B 的良好表现，我们把中国区维护团队交给他，中国区在这个阶段刚好是核心网大发展的时机，移动端局搬迁、集采、三大战役、VoIP 改造等等一系列大的项目快速交付。员工 B 主动出击，在只有几个项目交付支撑人力的情况下，支撑了中国区 3 亿线用户的交付，中国区对产品的客户满意度连续两年公司第一。后员工 B 又全面负责全球的维护，各种重大攻山头项目交付都参加。员工 B 也培养了一批骨干。在这个过程中，员工 B 个人也得到了极大的提升，获得公司个人金牌奖。

对于有个性的员工，作为主管要发现员工的潜力，欣赏与信任，更要敢于压担子，给他们施展才华、创造价值的舞台，同时进行必要的赋能，员工爆发力将远大于你的期望。主管根据责任结果评定和价值分配进行管理，进而形成正向循环。

（本文摘编自《哲学与实践：如何使用有个性的员工？》

作者：华为大学干部高级管理研讨班　邹勇，来源：华为人，2012）

延伸阅读

# 烧不死的鸟是凤凰

一位在公司曾经一帆风顺的干部，2010 年在东南非地区部被末位淘汰，后来选择到埃塞俄比亚迎接挑战、再次奋斗，对"烧不死的鸟是凤凰"有了刻骨铭心的体会。

## 从一帆风顺到末位淘汰

2001 年，我以网优工程师的身份加入华为，2002 年至 2004 年在国内办事处工作，以优异业绩经历了网规网优经理、服务经理到客户经理的跨越。2005 年 3 月，我主动申请到刚果（金）拓展市场，在"机会"加"努力"的作用下，又完成了从客户经理、系统部主任到销售副代表的转身。刚果（金）6 年的工作和生活，我伴随着公司的高速发展而成长，在不断突破海外市场的同时，也不断试错、改正，总结经验和教训。在刚果（金），我经受了战乱的考验，还收获了自己的小家庭，算是"成家立业"了。

2010 年年底，我的两位老领导、时任地区部两位副总裁跟我沟通：我被干部末位淘汰了。平时我跟系统部主任们的沟通和他们对我的鼓励，现在看来真是天大的讽刺！

而这个时期，家庭矛盾也正困扰着我，我甚至开始心灰意冷，觉得我的人生太失败了，一度有了离职的念头。

## 在煎熬徘徊中选择不放弃

我独自一人在河边走着，不断问自己：为什么是这个结果？以后怎么办……

虽然没有想清楚，但是，我并不服气！当我还浑浑噩噩沉浸在痛苦中时，老领导给我打来电话，让我去一趟埃塞俄比亚。埃塞俄比亚是公司重点竞争的市场，长期被友商独家垄断。难道是有新任务？

我不能让别人瞧不起，而且，我不能给一起奋斗的这么多兄弟姐妹树立负面的导向。这是个机会，是再次证明自己，再次爬起来的机会，我一定要抓住。没有更多思考，我答应了领导的要求，一周内赶到了埃塞俄比亚，开始新的战斗。一旦想清楚了，我绝不犹豫。

必须要感谢一下我的妻子！她在我最艰难的时候，放下对我的不满和抱怨，毅然支持我再次迎接挑战的决定，并很快带着两岁多大的女儿来埃塞俄比亚跟我团聚，避免了我无限的牵挂和思念。

## 浴火重生

在埃塞俄比亚，我投入了全身心的力量，并以更严格的标准要求自己。我的个人目标是：总结过往的教训和经验，务必拿下埃塞俄比亚市场，再次证明自己。

跟埃塞俄比亚最初的 6 个常驻兄弟一起，我们面对的是友商死死封闭了整整 4 年的独家电信市场，虽然当地政府曾表示"我们是欢迎华为的"。

没有退路，我们迎难而上。在重大项目部领导，北非地区部和埃塞俄比亚代表处的指导下，我承担起项目团队的日常组织和具体项目运作，以及部分核心客户关系。我跟代表处的领导和兄弟们一起，开始全面梳理客户关系、分析竞争对手情况，发掘各种可能的机会点。在友商压制下，《潜伏》和《亮剑》被我们一遍又一遍地学习，我们活得越发精神。

功夫不负有心人。2011 年 8 月初，任总访问埃塞俄比亚，受到鼓舞的我们把一线工作推向全面拓展的高潮。

交付的兄弟们很给力：不仅保证了我司在网设备的服务水平总体领先友商的好口碑，专业化的服务和解决方案也得到客户的广泛认可；

产品部的兄弟们很给力：我们每递出去的一份技术材料，都打到客户的心坎里；

客户线的兄弟人手有限：于是我们全员皆兵，并充分发挥本地核心骨干员工的能量，所有人都领回相应的客户关系任务，客户关系拓展工作形成你追我赶、百舸争流的局面；

代表处的领导很给力：亲自抓住高层核心客户关系，并广泛传递客户关系技能；

地区部的领导很给力：总裁和几个副总裁三天两头来埃塞俄比亚现场支持项目、拜访高层客户；

在大家的齐心协力、共同努力之下，我们全面完成了公司交给的目标，还获得了更大的市场份额。

## 继往开来，生活还在继续……

埃塞俄比亚的竞争激烈程度，跟刚果（金）市场不可同日而语。也正是这种激烈的竞争，激发了我的斗志，也重新激活了我自己：绝大部分时间，我都是跟项目组同事一起在客户那里度过，或者在办公室度过。我们不断反复研究客户关系，分析对手信息，并制定竞争策略，拓展客户关系。

在埃塞俄比亚，我也不断反思自己：在刚果（金）代表处6年，太久了，环境太熟悉了，于是我慢慢产生了惰性。作为销售副代表，没能抓住当时代表处缺少订货的主要矛盾，导致目标没能完成。在哪里跌倒就要在哪里爬起来！在埃塞俄比亚工作期间，我的目标感越来越强，公司交给我的重大项目和关键任务，都能够顺利完成。

我在刚果（金）代表处的组织运作和经营管理的经验，在埃塞俄比亚代表处组建过程中找到了用武之地。在2012年初的北非地区部市场大会期间，我还把我的这些经营管理经验和模板带到地区部，得到地区部总裁、CFO等主管的认可。埃塞俄比亚新人多，大多没有做过大规模的项目，我就跟代表处领导一起，把客户关系和项目运作的经验在日常工作中例行传承和学习，重点员工言传身教。

在新的竞争形势下，我们还针对性地组织了红蓝军对抗、模拟演练等工作，以提高实战的成功率。在代表处组织的辩论、主管经验分享等多种能力提升活动中，我和大多数同事一样，都深受感染，学习了不少知识。

由于工作调整，如今我离开了项目组，离开了曾经一起生死拼搏的、心爱的兄弟姐妹们，心中是多么不舍！不过，生活还在继续，公司还会不断发展和壮大，我也还需要不断学习和提高。

在这个宁静的夜晚，我泡上一杯TOMACO咖啡，好好品味一下那句华为人说过很多遍的话：烧不死的鸟是凤凰！

（本文摘编自《哲学与实践：烧不死的鸟是凤凰》，作者：尹玉昆，来源：华为人，2013）

延伸阅读

# 华为公司干部后备队选拔标准 V1.0

## 一、目的

为加快公司干部队伍建设，公司决定建立分层分级干部后备队资源池，以培养和储备一批适应公司未来发展需要的干部队伍。为了规范和指导各部门干部后备队选拔工作，同时将公司"干部四象限"要求转化为具体的干部选拔标准与方法，确保将有责任感、有使命感、有敬业精神与献身精神、对公司忠诚且贡献突出的优秀员工与在岗干部选拔到公司干部后备队进行培养，特制订如下干部后备队选拔标准。

## 二、适用范围

适用于公司各体系部门选拔干部后备队的操作指导，各体系部门可根据本体系特点对选拔标准做进一步个性化工作，但是不得超越公司总的选拔标准要求。

## 三、选拔标准与操作细则核心内容

### 选拔总体原则

在本岗位绩效优良、有责任感和使命感、敬业与奉献、对公司忠诚且品德优秀的中外员工或干部。

空降特招优秀人才可以直接选拔到相应层级干部后备队培养。

（注：空降特招优秀人才直接选拔到相应层级干部后备队时必须符合标准所要求的品德、素质、四海为家的条件）

## 选拔工作总体思路

以"干部四象限"要求为基准，结合各级管理者任职资格要求及华为大学各级干部后备队培养目标，选拔出"品德好、责任结果好、有领袖风范"并具备一定任职资格的员工或干部进入干部后备队培养。

## 具体选拔标准

共分三类：三级管理干部后备队选拔标准、四级管理干部后备队选拔标准、五级管理干部后备队选拔标准，详见表 1～表 2。

表 1 三级管理干部后备队选拔标准

| 考察项目 | 考察要素 | | 测评标准 | 测评方法 | 备注 |
|---|---|---|---|---|---|
| 否决条件（1个要素） | 品德 | 共性要求 | 1. 发牢骚、讲怪话、散布消极情绪；<br>2. 作风不严肃、自律性差、有赌博及出入不健康场所行为；<br>3. 爱传播小道消息、如议论待遇、职务、人事等；<br>4. 违背公司诚信要求及商业行为准则 | 1. 查阅党委诚信档案，是否有不良记录；<br>2. 查阅关键事件库（是否负责向关键事件、重大决策、典型表现、排他性行为等方面），或时干部表现、排他性行为等方面），或一级部门通报情况参考；3. 推荐部门/处根据需要调查形式来了解和评价推荐对象的品德 | 符合任一否决条件者，无需再看其他条件直接免于入选资源池 |
| 必要条件（5个要素） | 硬指标 | 绩效 | 1. 近四个季度绩效为 3B1C 及以上；或关键事件表现突出，可以考虑 2B2C 以上；2. 前一年度年终绩效结果为 A 或 B 且排名在各部门相应层级考核的前 20%~30% | 查阅季度及年终绩效评议结果 | |
| | | 任职 | 专业技术任职资格在 2 级普通等及以上 | 查阅任职资格记录 | |
| | | 四海为家 | 愿意到海外艰苦地区工作（工作地意向调查结果为 AA）不计较个人得失，服从组织安排 | 查阅工作地意向调查 | 必要条件，要求每个考察要素必须符合，任一要素不符合者不能进入资源池 |
| | 软指标 | 劳动态度和品格要求 | 1. 劳动态度优良，前一年度年终劳动态度评议结果为 B 或 A；2. 品格要求：有较强的责任意识与服务意识；敢于坚持原则，善于坚持原则，在工作中始终保持积极向上的精神状态，以积极的心态面对压力、困难和挫折，不断进行自我批判和自我超越，不断进取 | 查年终评议劳动态度结果 | |

| 考察项目 | 考察要素 | | 测评标准 | 测评方法 | 备注 |
|---|---|---|---|---|---|
| | 基本素质 | 影响力 | | 达到影响力素质基线要求，得分需在 2 分及以上 | |
| | | 主动性 | | 达到主动性素质基线要求，得分需在 2 分及以上 | |
| | | 概念思维 | | 达到概念思维素质基线要求，得分需在 2 分及以上 | |
| | 参考素质 | 其他 | 关注客户 | 其所达素质级别仅作参考 | |
| | | | 团队领导 | 其所达素质级别仅作参考 | |
| | | | 成就导向 | 其所达素质级别仅作参考 | |
| 参考条件（2个要素） | | | 1. 同等条件下优先从优秀一线团队中选拔后备队员（注：优秀一线团队即近 4 个季度组织绩效 2B2C 及以上的团队）；2. 符合上述标准参加过 A 培的员工优先考虑（A 培员工：2001 年应届生参加过全流程 A 培培训的员工）；3. 有跨部门工作经验者优先。 | 1. 查阅员工所在团队组织绩效；2. 查阅员工所在 A 培名单记录（公司人力资源管理部提供）；A 培标准任职资格参考部提供） | 参考条件主要用于被推荐人员在符合基本条件的情况下，参考条件更好者可以优先进入资源池 |

## 表2 四级管理干部后备队选拔标准

| 考察项目 | 考察要素 | | 测评标准 | 测评方法 | 备注 |
|---|---|---|---|---|---|
| 否决条件（1个要素） | 品德 | 共性要求 | 1. 发牢骚、讲怪话，散布消极情绪；<br>2. 作风不严肃，自律性差，有赌博及出入不健康场所行为；<br>3. 爱传播小道消息，如议论待遇、职务、人事等；<br>4. 违背公司诚信要求及商业行为准则；<br>5. 违背公司组织原则，有传播不该传播的工作信息和公司保密信息行为；<br>6. 有任人唯亲，运帮结派或根据个人好恶提拔及排挤下属行为 | 1. 查阅党委诚信档案，是否有不良记录；<br>2. 查阅关键事件库（是否有负向关键事件，含重大决策、典型行为、无人监督时干部表现、排他性行为等方面）或一级部门级的通报批评；<br>3. 推荐部门干部/处根据情况需要，可以采用周边访谈形式来客观了解和评价推荐对象品德情况 | 符合任一否决条件者，无需再看其他条件直接免于入选资源池 |
| 必要条件（6个要素） | 硬指标 | 绩效 | 1. 近四个季度绩效为3B1C及以上关键事件表现突出或可以考虑2B2C以上；<br>2. 前一年度年终绩效评议结果为A或B且排名在各大部门内相应层级考核的前20%~30% | 查阅季度及年终绩效评议结果 | 必要条件中的硬指标，要求每个考察要素必须符合，任一要素不符合者进入资源池 |
| | | 任职 | 已获得三级管理类任职资格普通等或优秀等职业 | 查阅任职资格记录 | |
| | | 经验 | 已经担任三级管理岗位（含跨部门团队核心成员）1年以上，且担任过管理导师或有授课经历 | 查阅SAP记录或公司任命文件 | |

| 考察项目 | 考察要素 | 测评标准 | 测评方法 | 备注 |
|---|---|---|---|---|
| 软指标 | 四海为家 | 服从"四海为家"的要求，愿到艰苦地区工作，不计较个人得失（工作地意愿调查结果为 AA） | 参考工作地意愿调查结果 | |
| | 劳动态度和品格要求 | 1. 劳动态度优度，前一年度年终劳动态度评议结果为 A 或 B；<br>2. 品格要求：有责任心，有使命感，有敬业精神，严于律己，具有奉献精神，忠于公司；议高度的责任感结养，选拔、推荐干部，做好部门内干部梯队建设，胸怀宽广，谦虚谨慎，戒骄戒躁；实事求是，坚持原则，勇于承担责任 | 查年终评议结果 | |
| | 基本素质 | 影响力 | 达到影响力素质基线要求，得分需在 2 分及以上 | | |
| | | 主动性 | 达到主动性素质基线要求，得分需在 2 分及以上 | | |
| | | 概念思维 | 达到概念思维素质基线要求，得分需在 2 分及以上 | | |

| 考察项目 | 考察要素 | | 测评标准 | 测评方法 | 备注 |
|---|---|---|---|---|---|
| 参考条件<br>（2 个要素） | 参<br>考<br>素<br>质 | 关注<br>客户 | 其所达素质级别仅作参考 | | 参考条件主要用于被推荐人员在符合<br>基本条件的情况下，参考条件更好者<br>可以优先进入资源池 |
| | | 塑造<br>组织<br>能力 | 其所达素质级别仅作参考 | | |
| | | 跨部<br>门合<br>作 | 其所达素质级别仅作参考 | | |
| | | 理解<br>他人 | 其所达素质级别仅作参考 | | |
| | 其他 | | 1. 同等条件下所带领团队组织氛围好者优先<br>（良好及以上）；<br>2. 有参与周边锻炼或者跨部门工作经验者优先 | | 1. 查阅被推荐人所带领团队组织氛围<br>调查结果；<br>2. 查阅跨部门锻炼档案记录 |

# 第三章

# 对干部的要求

# 第一节
# 保持危机意识，惶者生存

任正非从任何意义上讲都是中国企业家的典范，已近花甲之年的他没有停下来的迹象，国际巨头们已经不得不对来自中国的华为多加小心，但任正非却保持着危机意识，并且始终将他的危机意识传递到公司上上下下。

1996 年 1 月，华为市场部上至主要领导，下至区域办事处主任集体辞职。将近 12 年后，这一幕重演，并且辞职规模扩大至包括总裁任正非在内的所有工作满 8 年的员工。事情很快引起广泛关注，但是在华为内部，一切仍井然有序。辞职的员工绝大部分很快重新上岗，并且领到了数额可观的补偿金。对于他们来说，这笔资金之可观，已经能消弭一定风险。工龄归零，重新开始，华为以旌旗猎猎的方式，再次给员工上了一堂企业文化课。

还是那个任正非。一如既往的低调，一如既往不对外做任何评论，一如既往地不给自己和华为的数万员工任何懈怠的机会。

任正非的话语中时时充满着危机感：

> 创业难，守成难，知难不难。高科技企业以往的成功，往往是失败之母，在这瞬息万变的信息社会，唯有惶者才能生存。
>
> 10年来我天天思考的都是失败，对成功视而不见，也没有什么荣誉感、自豪感，而是危机感。也许是这样才存活了10年。我们大家要一起来想，怎样才能活下去，也许才能存活得久一些。失败这一天是一定会到来，大家要准备迎接，这是我从不动摇的看法，这是历史规律。
>
> 我们会不会被时代抛弃？我们要不要被时代抛弃？这是很重要的问题。无线电通信是马可尼发明的，蜂窝通信是摩托罗拉发明的，光传输是朗讯发明的，数码相机是柯达发明的……历史上很多东西，往往"始作俑者"最后变成了失败者。这些巨头的倒下，说穿了是没有预测到未来，或者是预测到了未来，但舍不得放弃既得利益，没有勇气革自己的命。大公司有自己的优势，但大公司如果不能适应这个时代，瞬间就灰飞烟灭了。

"我们远不如Lucent（朗讯）、Motorola（摩托罗拉）、Alcatel（阿尔卡特）、Nokia（诺基亚）、Cisco（思科）、Ericsson（爱立信）……那样有国际工作经验。我们在国外更应向竞争对手学习，把他们作为我们的老师。我们总不能等待没有问题才去进攻，而是要在海外市场的搏击中，熟悉市场，赢得市场，培养和造就干部队伍。我们现在还十分危险，完全不具备这种能力。若三至五年之内建立不起国际化的队伍，那么中国市场一旦饱和，我们将坐以待毙。"任正非说。

任正非表示："公司发展到今天，依然处在创业阶段，让高层有使命感，让中层有危机感，让基层有一定饥饿感，是符合现实需要的。要通过人力资源政策导向，适当地营造这种'使命感、危机感、饥饿感'，并用制度将其转化为全体员工努力工作的动力。"

任正非表示："中基层干部就要有危机感。中基层干部的危机感不能改变，我们用各层绩效排序靠后的10%，免除行政管理职务，改做具体工作，来使中基层干部有危机感。高层干部的使命感也不因富了而惰怠。"

在华为，实行干部目标责任制以及任期负责制。华为的干部不是终生制，高级干部也要能上能下。在任期届满时，干部要通过自己的述职报告，以及下一阶段的任职申请，接受组织与群众评议以及重新讨论薪酬。有人说，我很努力，工作也做得不错，思想品德也好，为什么我不能继续任职？任正非表示："因为标准是与时俱进的，已经有许多比你进步快的人，为了公司的生存发展，你不一定能保持职务。大家要学学刻舟求剑的故事，不可能按过去的标准，找当官的感觉。长江一浪推一浪，没有新陈代谢就没有生命，必要的淘汰是需要的。任期制就是一种温和的方式。"

"华为要求降职的干部，要调整好心态，正确地反思，在新的工作岗位上振作起来，不要自怨自艾，也不要牢骚满腹。"

华为中层一般是15/16级。华为2013年上半年内部制定的离职率需要达到9%，重点淘汰的是工作5年以上的15/16级员工，也就是华为的中层。半年考评时，很多打C/D的指标也给了15/16级。15/16级股票也不会太多，退股补偿也不会太高。华为一边淘汰优化中间层，一边大幅度提升基层薪酬水平。两相对照来看，目的就很明确了。

任正非安慰道："在什么地方跌倒就在什么地方爬起来。特别是那些受委屈而降职的干部，无怨无悔地继续努力，以实际行动来证明自己，这些人是公司宝贵的财富，是将来继大业的可贵人才。组织也会犯错误的，一时对一个人评价不公是存在的。因此，总会有一部分人受委屈，这些人的正确对待会给我们的进步带来 10 倍的力量。由于您的正确对待，也给组织将来给予您更大的信任提供了支持。"

# 第二节
# 要有敬业精神和献身精神

考核干部，要看奋斗意志，要看干劲，不能光看技能。没有奋斗意志、没有干劲的干部，我们还是要从各级行政管理岗位上调整出来。没有奋斗意志的人，不能带兵。

## 敬业精神

所谓"敬业"，就是要尊重自己的工作！美国伟大的职业成功学家詹姆斯·罗宾斯说："敬业，就是尊敬、尊崇自己的职业。如果一个人以一种尊敬、虔诚的心灵对待职业，甚至对职业有一种敬畏的态度，那他就已经具有了敬业精神。但是，他的敬畏心态如果没有上升到敬畏这个冥冥之中的神圣安排，没有上升到视自己职业为天职的高度，那么他的敬业精神就还不彻底，还没有掌握精髓。天职的观念使自己的职业具有了神圣感和使命感，也使自己生命信仰与自己的工作联系在了一起。只有将自己的职业视为自己的生命信仰，那才是真正掌握了敬业的本质。"

尊重自己的工作，也会获得别人对自己的工作的尊重。任正非就这样表示："我们要尊重那些踏踏实实、认真努力、恪守职责，并不断改进自己工作的老员工，要给予他们多一些的培训机会。通过不断改进本职工作，来提升自己的待遇。要干一行，爱一行，专一行。"

著名顾问管理专家威迪·斯太尔在为《华盛顿邮报》撰写的专栏中曾经写道："每个人都被赋予了工作的权利，一个人对待工作的态度决定了这个人对待生命的态度，工作是人的天职，是人类共同拥有和崇尚的一种精神。当我们把工作当成一项使命时，就能从中学到更多的知识，积累更多的经验，就能从全身心投入工作的过程中找到快乐，实现人生的价值。这种工作态度或许不会有立竿见影的效果，但可以肯定的是，当'轻视工作'成为一种习惯时，其结果可想而知。工作上的日渐平庸虽然表面看起来只是损失一些金钱或时间，但是对你的人生将留下无法挽回的遗憾。"

## 献身精神

没有奉献精神、处处斤斤计较的人，受不了委屈的人，当然不能成为干部。任正非做了这样一个比喻："我们总不能在向山头冲锋的时候，在山脚与你谈判条件。更不能冲到半山，机枪子弹扫过来的时候，讨论兑现。企业不是神仙，不可能时时、事事做到公平，所谓的绝对公平是做不到的。只要企业的领导人，是为了企业的目标真诚奋斗，这次对您不公平，下次也许就纠正过来了，也许几次不公平，终有一次是公平的。你是金子总会发光的。"

"只有有牺牲精神的人，才有可能最终成长为将军；只有长期坚持自我批判的人，才会有广阔的胸怀。"正如任正非在干部后备队结业证书上亲笔写下的这两句话，华为的发展任重而道远，承担更多压力和任务的干部更应该有奉献和牺牲精神，时刻把公司的利益置于个人利益之上。

在华为当干部要将其理解为一种责任，一种牺牲了个人欢愉的选择，一种要做出更多奉献的机会。每一个干部都要有远大的目光、开阔的胸怀，要在思想上艰苦奋斗，永不享受特权，与全体员工同甘共苦。我们考核干部要看他担当的社会责任（狭义），是否有利于公司的整体利益，是否促进部门的管理进步。做华为的干部就不能满足于个人成就欲，任何未经社会责任改造的人，不能成为中高级干部。

# 第三节
# 用人五湖四海

任正非表示，要团结一切可以团结的人。

海纳百川，有容乃大，加强文化与制度的包容性。要开放心胸，拓展视野，换位思考，借鉴业界好的做法，针对不同的人群，通过岗位安排适当兼顾个人意愿，以及组合运用各类物质激励、非物质激励工具，以团结优秀员工群体共同长期奋斗。

2015 年 12 月，赵科林（Colin Giles）回归华为，距离他离开不过一年多时间。

赵科林的再次回归，实际上代表着华为的一个重要命题：一直在文化上非常封闭、传统的华为，要证明自己有能力包容、消化"外生力量"。

赵科林上一次进入华为是在 2013 年，余承东希望赵科林能够负责华为全球品牌和公开消费市场。据说，对于余承东的这个决定，任正非是不太同意的，认为当下阶段的华为消化不了这样的人。

赵科林果然在华为表现出了极大的不适应性。有华为的人和"旁观者"交流时提到一些细节说，赵科林当时在华为，是不够级别配车的，出差的标准也是经济舱，一个在外企做了那么多年高管的人，这些变化都是会产生心理落差的。更重要的是，华为的公司文化非常的鲜明、独特，一个空降兵，不熟悉华为的做事习惯，没办法调动资源，那他所有想做的事情都肯定推动不了。所以赵科林离开是大家一开始就预料到的事情。

后来，任正非提到赵科林的离职，他认为是华为遇到的一个障碍。"如果世界上最优秀的人进不来华为，华为如何做成世界上最优秀的公司？"他说，"赵科林辞职，因为他没法（在华为）生存，没有生存的条件。华为很多员工都是从基层干起的，他们一手拿着'枪'，一手拿着'镐'，多年来一起打拼市场，这是一支来自'上甘岭'的兄弟连。对于空降干部，你再厉害，他不听你的，怎么办？这个就很难。"

华为在引入高管人才上做过很多的努力，也曾经引入包括全球首席技术官 Matt Bross 以及曾经担任英国政府首席技术官的 John Suffolk 等人，最终大多数人并没有长期留下来。很多人的疑虑在于：这些外籍员工是否能够真正进入到华为的核心决策层？包括华为董事会以及 EMT（经营管理团队）等权力的核心机构，成员仍然全部是中国面孔。

因为个性鲜明的企业文化，使得华为像一道窄门，只有极少数人能够通过。而在华为内部，"烧不死的鸟是凤凰""能上能下"等一类战场口号塑造了华为人的独特气质。在这里，气味相投的才能如鱼得水。赵科林再次回归，华为又有怎样的机制能够保证给外来者足够的空间？[1]

任正非表示："成为将军有一个必要条件：就是带领团队合作。过去在我们管理上有个错误，代表处的代表就是抓销售额的，什么市场服务也不管，什么回款也不管。我们现在是'谁主管，谁负责'，你要对全部指标负责任，你不去领导你的所有的团队和要素，那你这个代表处就是落后的代表处，就不是好的代表处。货款回不来，我们首先不考核你，而是首先考核代表，代表就怕了，他就要管。所以只要贯彻了'谁主管，谁负责'的这个制度，我相信各种要素的协同配合会逐步有改善。"

任正非经常对管理人员提到，年终总结时把自己的成绩说得头头是道的人只是英雄，英雄只能打工。这从另一个方面讲明了无为而治的道理。在企业，如果管理人员追求自己名下有为，他会葬送了这个团队。因此，把英雄放到管理岗位也是对岗位资源的浪费。

任正非表示："在这个英雄辈出的时代，一定要敢于领导世界，但是取得优势以后，不能处处与人为敌，要跟别人合作。有人问我：'你们的商道是什么？'我说：'我们没有商道，就是为客户服务。'"

华为的团队合作精神体现在"集体英雄主义"中。在军人出身的任正非的人生字典里，"英雄"无疑是意义非同一般的概念。华为能从无数的诱惑、坎坷、教训中走过来，能从漫长的"冬天"里挺过来，应该要归功于任正非及在他带领下的以"群狼"自诩的华为人，他们拥有一种英雄式的悲壮的牺牲精神。

---

1 华为的"赵科林式"挑战：空降高管进了"上甘岭兄弟连"［OL］. 虎嗅网，2015.

# 第四节
# 开放、妥协、灰度

任正非表示："开放、妥协、灰度。这句话我是几年前对美国一个政治家说的，主要不太赞同美国的单边主义，太强势、太霸权，也许它弱势一点，不仅世界和平，而且拥护它的人更多。大家都往后退一些，才能够形成稳定的结构。看着华为慢慢地也强大起来了，我们有些干部生长的骄、娇二气，越来越像美国，霸气也在我们的干部中滋长，我们要学会示弱。

"2009 年在市场工作会议上我讲了'开放、妥协、灰度'，没有出纪要，后来网上流传，怕不准确，我亲自修改后，以总裁办邮件发出，以定正误。开放、妥协、灰度还是一个不成熟的概念，但文章反映了我的真实思想，希望领军的干部多读读。我们要深刻理解客户，深刻理解供应伙伴，深刻理解竞争对手，深刻理解部门之间的相互关系，深刻理解人与人之间的关系。任何强者都是在均衡中产生的。"

什么是"开放、妥协、灰度",任正非在市场部年中大会上这样说道:

> 开放、妥协、灰度是华为文化的精髓,也是一个领导者的风范。一个不开放的文化,就不会努力地吸取别人的优点,逐渐就会被边缘化,是没有出路的。一个不开放的组织,迟早也会成为一潭死水的。我们无论在产品开发,还是销售服务、供应管理、财务管理上,都要开放地吸取别人的好东西,不要故步自封,不要过多地强调自我。创新是站在别人的肩膀上前进的,同时像海绵一样不断吸取别人的优秀成果,而并非是封闭起来的"自主创新"。与中华文化齐名的,古罗马、古巴比伦文化已经荡然无存了。中华文化之所以活到今天,与其兼收并蓄的包容性是有关的。今天我们所说的中华文化,早已不是原教旨的孔孟文化了,几千年来已被人们不断诠释,早已近代化、现代化了。中华文化也是开放的文化,我们不能自己封闭它。向一切人学习,应该是华为文化的一个特色,华为开放就能永存,不开放就会昙花一现。

## 开放

开放心态,用好"明白人"。华为的一位高级干部管理者曾对自己的经验进行了总结:

> 我曾经差一点犯了这个错误。我们聘请了一位海外高端的用户体验的专家,他在行业中的威望很高。他刚来的时候就提出我们一定要做一个作品集,说实话我内心是相当不支持这个

建议，觉得项目都做完了，又不是要给客户演示，为什么还要花时间干这些"面子活"。如果是我的其他几个下属，我可能早就把这个意见给"掐死"了。但是我当时觉得专家刚来，不能太打击热情，所以就没有否定。但是出乎我意料的是，在整理作品集的过程中，设计师把自身的设计要上作品集，作为了目标和设计质量追求。对内部设计质量提升的影响大大超过了我的想象。同时大家在制作作品集的过程中也进行了设计的切磋，某运营商来参观的时候由于我们作品集的展示，也对华为设计能力产生了很高的信任。

这次的例子让我深刻理解到，随着业务的扩展，我们不一定是每个业务领域最牛的人。虽然我们不愿意承认，但往往事实如此。作为主管，我们要开放心态，多听取专家的意见，做出科学的决策；同时通过抓人员管理，充分发挥高水平的专家和业务干部的作用是非常关键的。

## 妥协

妥协目的不是为了利益最大化，而是为了利益合理化。妥协可以共赢，无论对内还是对外。

"光荣革命"为英国开辟了一个以妥协换共存、以分权换和平的发展道路。议会承认国王的地位，国王承认议会的权利。自由、宽松的政治和社会框架，让英国各个阶层都找到了属于自己的位置，并不断创造新的价值。英国的强盛不是没有理由的。

遥想300多年前英国议会与国王近半个世纪的斗争，最终以非暴力的方式结束，内心总会平添许多感慨。也许正是因为当年英国人骨子里的妥协精神，才使得今天的我们既能感受女王登基 60 周年庆典的盛况，又能聆听英国首相的施政方针。各种声音在妥协的精神中碰撞、交汇，最终凝聚成推动这个国家不断发展强盛的源源动力。

联合国前秘书长安南说妥协是他工作中很大的一部分，实际上，妥协是作为领导人，尤其是国际领导人最难能可贵的品质，它需要融远见、胸怀和智慧为一体，这也是领导力修养的最高境界之一。

## 灰度

华为人对"开放"和"妥协"比较容易理解，而对"灰度"，即使是华为中方员工也觉得难以把握其中的精髓。

灰度的均衡，正是揭示了一个朴素的辩证唯物主义的观点，黑和白是矛盾的两个面，对立而又统一，互相补充，不断发展，灰色是它们的统一体。强调灰度，就是搁置无谓的争议，在实践中去摸索适合自身前进的道路；讲求均衡，就是重视目标和方向，想方设法绕过暗礁和漩涡，到达成功的彼岸。重视灰度，并不是指黑白不分，没有原则性的妥协；强调均衡，也不是左右逢源，没有重点和方向。相反，灰度更讲究原则性，讲究在全局上的宏观把握，不中规中矩，不同于中庸之道。

齐白石用寥寥几笔，一对浓而锐利的触角、淡淡的躯干，栩栩如生地勾画出虾的神态；徐悲鸿的奔马图恣意地挥毫泼墨，豪放不羁、意境内敛，达到极佳的灰度均衡，几只骏马就呼之欲出。虽然没有艳丽的色彩、没有繁复的构件，却造就了传世佳作，其成功之处就是巧妙绝伦地运用了灰度，达到极致，成就完美。

华为的一位管理者对灰度有着这样的理解：

管理是有一定灰度的。完善的流程制度不等于有效的管理，放任自由不等于开放式的管理。比如，汽车在进入隧道的时候都要把大灯打开，而在出隧道时会把车灯关掉，而公路的管理者们发现，很多司机在出隧道时都会忘记关灯。于是这些管理者们便想要在隧道出口处立一个牌子，大家想了很多提示语，如：

1. 如果您的大灯打开了，请您在出隧道之后关闭，避免您的汽车蓄电池被消耗。2. 如果您的大灯打开了，请您在出隧道之后关闭。3. 如果您的大灯打开了请您关闭。

后来发现三个提示语的效果都不好，因为它们都需要高速行驶的司机进行一系列逻辑判断后才做出反应。后来他们想出了一句非常简洁的提示语："你关灯了吗？"一句很简洁的疑问句就解决了这个问题。我认为管理也是一样，无论制定了多么完善的管理制度，把各种风险和异常想得多么清晰，都不如员工自己的控制。其实这就是灰度管理上的隐性条件，如果想做到这个管理的灰度，那么就必须要让团队具备这样隐性条件，即你要想办法让你的团队成员具备相应的意识。

任正非送管理者几句话：

第一，要耐得寂寞；第二，要受得委屈；第三，要懂得灰色。华为公司的干部要淡泊名利，踏踏实实做事，用平和的心态去面对未来。华为公司只有一个鲜明的价值主张，那就是为客户服务。大家不要把自己的职业通道看得太重，这样的人在华为公司一定不会成功；相反，只有不断奋斗的人、不断为客户服务的人，才可能找到自己的机会。

# 第五节
# 敢于负责

我们都知道，当水的温度升到99℃时，还不是开水，其价值有限；若再添加一把火，在99℃的基础上再升高1℃就会使水沸腾，并产生大量水蒸气来开动机器，从而获得巨大的动力和经济价值。这也就像我们的工作，完成99%不算成功，往往是"差一点"而导致整个工作不到位。只有尽职尽责，做到十全十美才能缔造完美工作。

任正非表示：

> 当我们任劳任怨、尽心尽责地完成本职工作时，我们就是英雄。当我们思想上艰苦奋斗，不断地否定过去；当我们不怕困难，越挫越勇，就是真正的英雄。我们要将这些良好的品德保持下去，改正错误，摒弃旧习，做一个无名英雄。
>
> 要有责任心和使命感。我们的员工是不是都有责任心和使

命感？如果没有责任心和使命感，为什么还想要当干部。

只要企业的领导人，是为了企业的目标真诚奋斗，这次对您不公平，下次也许就纠正过来了，也许几次不公平，终有一次是公平的。你是金子总会发光的。各级干部、主管应经得起考验，勇敢挑起大梁，带领员工齐心协力渡过难关。对于那些传播谣言、对公司失去信心、不能勇敢面对困难并感到恐慌的干部，不断对项目叫苦的干部，说明他们承担这个担子有困难，各级组织应积极帮助他们退出领导和关键岗位，尽快安排有能力的人接替，由能经得起考验的继任者担任工作。这是个关键时刻，是考验我们各级干部的试金石，我们相信绝大多数员工都会成为英雄的。

一位哲学家曾这样说过："如果有事情必须去做，那就全身心投入去做吧！"一个人无论从事何种职业、身居何种地位，都应该尽职尽责、全心全意地把工作做好，这不仅是工作的原则，也是人生的原则。不管工作多么枯燥简单，都不要敷衍应付，因为一时的疏忽就可能带来巨大的损失，这也会给自己的职业生涯画上黑色的一笔。

美国著名心理学家艾尔森，曾对世界 100 名各领域的杰出人士做了研究，结果发现，60％以上的取得成就的人所从事的职业，都不是他们最喜欢的，也不是他们心目中最理想的。但为什么他们能够取得成功呢？

华为人李攀在市场一线工作，一般标书都很厚，少则几百页，多则上千页，评标客户在查找关键信息时非常困难。于是李攀站在客户角度固化更为直观的集成报价模板，使客户一目了然，使小标书派上了大用场。对于每一次投标书的技术环节，李攀都严格把关，每一个细节都不会错过，万无一失后才会拿去招标现场。对于合作伙伴代理的材料，他也会严格审查，即使是格式、外观上有问题都会要求重写，确保输出的材料完美地呈现在客户面前。每一次去客户现场测试之前，他都会先在内部测一遍，确保产品在每一个关键时刻都能"零瑕疵"。他说："我们在这个领域还是新人，只有表现完美才有可能进入客户的视线。"

M省电力行政高清视频会议系统项目一举树立了UC&C产品在M省电力行业的品牌形象。"以客户为中心"绝非停留在嘴上，李攀他们用近乎完美的表现与行动，证明了自己。

任正非明确要求，华为的干部要敢于负责。任正非这样说道：

把有高度责任心、有强烈使命感、有组织与工作能力、善于团结合作、大公无私的员工提拔上来，形成一个宏大的、有效有序的管理队伍。要动员那些得过且过、明哲保身的干部下岗；动员那些文过饰非、粉饰太平的干部下岗。公司将继续推行反对贪污腐化、反对时间与物质的浪费、反对惰怠，要从严进行干部的管理与审查。

干部缺少责任心、敬业精神、懈怠，都是从自私自利开始的。华为要生存下去，干部就永远不能惰怠，永远不能腐败。对于华为，缺少责任心、缺乏职业意识的干部仍然存在，因此华为公司还需要继续进行整顿，并且仅仅是一个开始，而不是结束。在这个问题上，所有部门、所有人，都应该认真地思考。看一个人，不能看一时一事，要看他一贯的历史，若他一贯是一个不负责任的人，那还留他干什么？没有必要。

## 责任到此，不能再推

华为强调，"让想跑的马有机会跑，让能跑的马跑得快"，给绩优的员工、管理者尤其是年轻的优秀基层管理者更多承担责任、展示才华的机会。

世界上没有不必承担责任的工作，工作就意味着责任；而且，职位越高、权力越大，肩负的责任就越重。没有责任心的人永远都担不起重任，也就没有什么资格去羡慕别人的权力。永远都不要在责任面前后退，因为，一个人的责任心决定了他在企业中的位置。

美国前总统杜鲁门的桌子上摆着一个牌子，上面写着：The Buck Stops Here（责任止于此处）。

任正非表示：

> 我们既重视有社会责任感的人，也支持有个人成就感的人。什么叫社会责任感？什么叫个人成就感？"先天下之忧而忧，后天下之乐而乐"，这是政治家的社会责任感；我们所讲的社会责任感是狭义的，是指对我们企业目标的实现有强烈的使命感和责任感，以实现公司目标为中心、为导向，去向周边提供更多更好的服务。还有许多人有强烈的个人成就感，我们也支持。

任正非认为，把责任推给别人，根本解决不了问题。当通用电气前CEO韦尔奇还是工程师时，经历过一次极为恐怖的大爆炸：他负责的实验室发生了大爆炸，一大块天花板被炸下来，掉在地板上。为此，他找到了他的大老板里德解释事故的原因。当时他紧张得失魂落魄，自信心就像那块被炸下来的天花板一样开始动摇。

里德非常通情达理。他所关注的是韦尔奇从这次大爆炸中学到了什么，以及如何修补和继续这个项目。他对韦尔奇说："我们最好是现在就对这个问题进行彻底的了解，而不是等到以后进行大规模生产的时候。"韦尔奇本来以为会是一场严肃的批评，而实际上里德却完全表示理解，没有任何情绪化的表现。勇敢地说"是我的错"，不仅表现出一个人敢于承担责任的勇气，也反映了一个人诚信的品质。

## 勇挑责任，不怕犯错误

布鲁诺是美国某公司的财务管理人员。一天他在制工资表的时候，给一个请病假的员工定了全薪，忘了扣除请假那几天的工资，于是布鲁诺找到了这名员工，告诉他下个月要把多给他的钱扣除。员工说自己的手头太紧，看病花去了他大部分积蓄，请求分期扣除。但这样做的话，布鲁诺就一定要向老板请示。

布鲁诺知道，老板知道这件事一定会非常不高兴的，但布鲁诺认为这混乱的局面是因为自己的失误造成的，因此他必须负起这个责任，去老板那里承认错误。

当布鲁诺走进老板的办公室，告诉他自己犯的错后，出乎意料的是老板竟然大发脾气说这是人事部门的错误，不关他的事。布鲁诺坚持说这是他的错误，老板又大声地指责这是会计部门的疏忽，布鲁诺再度强调这是因他的失误所为，与别人无关。这次老板笑了，说："好样的，我这样说，就是看你承认错误的决心有多大，会不会就此找理由推脱自己的责任。"最后，老板心平气和地说："好了，现在你去把这个问题解决掉吧！"事情终于解决了。从那以后，老板更加赏识布鲁诺了。

二战期间英国首相温斯顿·丘吉尔曾说过："伟大的代价就是责任。"一个人如果选择了工作，那么他也就选择了责任。责任是成功的起点，放弃了责任也就放弃了成功的机会。面对工作，不管喜欢还是不喜欢，都是自己所必须面对的。一名优秀员工要做到尽职尽责，这不仅是对工作负责，而且也是对自己负责。工作就是一种责任，只有全身心地投入其中，才能因为责任感而创造奇迹，如果失去了责任感，也就失去了工作的意义。

在工作中寻找借口，在一定程度上就是逃避责任。原通用电气董事长兼 CEO 杰克·韦尔奇曾经说过："在工作中，每一个人都应该发挥自己最大的潜能，努力工作，而不是耗费时间去寻找借口。因为公司安排你在某个岗位上，是为了让你解决问题，而不是听你那些关于困难的长篇累牍的分析。"

为什么人们在做一些事情的时候会有借口，华为终端公司 CFO 杨岳峰这样分析道："任何事情一来，我们首先想到的不是去反省我们哪方面没做好，我们怎样去解决？而是找一大堆借口、理由来推诿。

"为什么会这样？首先，是因为我们有私心。

"遇到一些问题，如：和 NGN 产品配合、对华为 3COM 的支持等；我们首先不是自我反省：'满足客户需求'的使命做好了没有？而是自我安慰：我们是在提高产品线的经营效益，我们为了完成考核指标迫不得已！在这里，我们犯的错误是：公司要求产品线提高效益，用 KPI 考核产品线，但并不允许我们只顾自己产品线的利益而不顾全局利益；我们既要保证自己负责的战区工作做得好，更要保障友军的战斗需要，只有这样，才有可能获得全局的胜利！

　　"佛教中有句话说得好：要'以指望月'，而不要'以指为月'。考核的目的是通过指标牵引方向，而不是只盯着考核的指标。我们就是犯了'以指为月'的错误！

　　"我们为什么会犯如此错误？因为有私心，不愿意奉献，所以遇到事情讲条件、讲困难、找借口、推诿。"[1]

　　许多找借口的人，在享受了借口带来的短暂快乐后，连当初那点自责都不存在了。找出借口不但能减少自己的责任，还能为下一次的失误预备好原因。重复的次数一多，也就变得更无所谓了。

　　克莱斯勒前总裁艾科卡（Lec Iacocca）能够很快承认自己所犯的错误，并对其结果负责，所以他们能够避免深陷受害者循环，并着手改善形势。以下是艾科卡告诉《财富》杂志自己所犯的一处错误："我犯过很多错误。比如，将 Omni / Horizon 汽车转移到一家工厂生产，然后又转移到另一家工厂生产，最后不得不将它的生产计划中止，其代价是 1 亿美元。这就是一个错误。毫无疑问，我们犯了一个 1 亿美元的错误。"正是由于这种勇于面对现实、承认错误的勇气，艾科卡将克莱斯勒从破产的边缘拯救出来，并令其生机勃勃。

　　华为的一位管理者曾面临着这样的两难选择：

　　三个月前，我承受着一个非常大的压力。当时我们看好了一家美国公司，准备把它买下来，公司也充分地授权我们，只要我们决定要买，公司就同意。虽然我们内部经过反复的讨论，认为购买对我们的发展有重大意义，可是数百万美金的外汇支付，万一将来不能消化好，不

---

1 忘掉自己［J］.华为人，2005.

能给我们带来回报呢？压力太大了，我真想当没这回事，不就没有压力了，或者公司高层领导拿主意，我来操作就轻松多了。可是反过来想，如果我这个负责业务部的人，都不勇于承担业务发展的责任，不敢给出明确的决策建议，那么公司又怎么能够发展这一块的业务，又怎能对这样一个重大购买进行决策呢？事实上我们买进了风险投资数亿美金形成的知识产权和技术骨干，提升了我们产品设计的经验，我们相应产品开发时间一下子缩短了 2 年，这对于公司发展十分有益。

实际上公司的运作，就是由各个大小部门的日常自主运作构成的。作为公司各级干部，在授权范围内，我们应该勇于对自己所负责的业务领域承担起自己的领导和管理职责。毕竟每个直接负责人是对本业务领域业务发展和风险最清楚的责任人，如果我们不能用自己的知识和经验给出业务领域的决策意见，而是将责任推给公司最高层或者犹豫不决、胆小怕事，我想我们的团队将失去战斗力，我们也将在等待和犹豫不决中浪费资源，错失很多机会。我们业务部也曾经有位干部，对我们抱怨说业务部应该对什么什么事情有个什么样的政策，我问他什么是业务部？业务部是谁？业务部就是你，还有我们其他干部构成的团队，你是核心管理团队的一员，为什么不能将你的思考形成完备的方案，在业务部讨论之后形成业务部的政策呢？同样，我们也不能总是抱怨公司或者期待公司给我们想办法，替我们承担责任，作为公司的管理干部，就是要把公司的发展、业务领域的发展与自己的责任联系在一起，要敢于挑起担子。当我们再遇到问题的时候，我们应该首先问："我们在等谁来帮助，为什么不自己行动？"

承担责任，需要勇气，还要不怕犯错误。但作为各级管理干部，我们是否真的承担起了交给我们的职责？

# 第六节
# 以身作则

华为各级干部去组织员工实践任务时，要以身作则，正人先正己。规则制定了，主管再以身作则，员工都认同。

任正非表示：

> 干部一定要吃苦在前，享乐在后，冲锋在前，退却在后。
> 一定要以身作则，严格要求自己。

所谓以身作则，就是应该把"照我说的做"改为"照我做的做"，这样才能起到更好的教育激励作用。然而，现在有些领导者总对他的员工说："照我说的做。"可他们不明白，这是下下之策，真正的上上之策应该是："照找做的做。"

美国玫琳凯化妆品公司以"领导者以身作则"作为所有管理人员

的准则。公司创始人玫琳凯·艾施每天都把未完成的工作带回家继续做完，她的工作信条是："今天的事绝不能拖到明天。"她从来没有要求她的员工也这么做，但她的助理以及 7 位秘书，也都具有她这样的工作风格，可见表率的作用很重要。如果领导者都能够按时上班，高效地执行，工作时间尽量不涉及私人事务，对工作尽职尽责，那么下属的执行效率也会大大地提高。

任正非表示：

> 以身作则也不要做得太过分，就是不能大事小事都以身作则。这样做，你会十分关注小事，而忘了大事。但是你在做文档、做软件上一定要高度精益求精，要绝对以身作则。偶然用袖子擦鼻涕，或把袜子放在西装口袋里，就不那么重要。最根本的是你的管理，你一定要对你的部下讲明白，你要他做什么，做这个问题的标准是什么。

任正非以自己的行动作为表率，告诉华为各级干部：身为干部要有个人修养，高中级干部要提高自身的修养，学习领导的艺术和良好的工作作风，要廉洁自律，不搞小团体，不拉帮结派，要正确处理与下属之间的关系；在做事方面，干部要深入实践，认真负责，不要"下车伊始，指手画脚，言必称希腊"。总之，干部要清清白白地做人，踏踏实实地做事。

我们不得不承认，领导行为的影响力远胜过权力。规则是给员工制定的，也是给自己制定的。如果一个团队的领导自己都不遵守规则，如何要求团队的其他成员来遵守呢？我们的企业中，最容易破坏制度的人往往就是制定制度的人，有时甚至就是最高管理者本人。大厅中明明写着"请勿吸烟"，可是烟瘾上来了，最高管理者抽一支，别人也不敢讲什么。很多领导口口声声说要进行团队建设，自己却没有按照团队精神去做。

规则就是规则，确定下来的规则就要坚决执行。我们不缺乏规则，缺乏的是以身作则的理念和意识。而领导所起到的就是一个标杆作用，他永远站在队伍的最前方，给员工以榜样、力量、方向、方法，使得整个团队昂首阔步地向前。因此，中层管理者在带领自己的团队时，一定要时刻牢记：你不只是指挥家，更是领头羊！

任正非表示：

> 公司内外、正反两方面案例都证明，各级一把手是建设团队奋斗文化的关键。"将熊熊一窝"，一把手不奋斗，团队必将涣散。

华为公司今天的成功不是一个人的奋斗故事，而是因为拥有一个无私的领导层和一大群不服输的员工。

# 第七节
## 要有自我批判精神

　　一个企业，一个组织，如果总是背负成功与辉煌的包袱，这个企业其实也离死亡不远了。所以，任正非讲华为是没有历史的公司。

　　在华为公司的任何角落都看不到华为过去的历史，没有一张图片有任正非的形象，全球各地的办公场所看不到哪个中央领导视察华为的照片……

　　任正非说过："我从来不在乎媒体现在、今天、明天怎么看我。第二，我也不在乎接班人是否忠诚，接班人都是从底层打出来的，打出来的英雄同时又能够进行自我否定、自我批判，同时又有开放的胸怀，又有善于妥协的精神，同时在看人的问题上能够多元视角，而不是黑白分明，他就是自然而然成长的领袖。领袖不是选拔出来的，是打出来的。"

## 是干部就要自我批判

任正非表示：

通过自我批判，使干部思想洗刷，心胸开阔，将来能够经得起别人批评。现在先不让别人批评他，让他自己批评自己，但要让别人来认证。一定要打开胸襟，听得进别人的批评，也自己批评自己。"只有有牺牲精神的人才有可能最终成长为将军；只有长期坚持自我批判的人，才会有广阔的胸怀。"我想这两句话，是可以给我们共勉的。孔子说吾日三省吾身，我是深感其伟大。我一生有过这么多经历，我批评别人很多，自我批判更多，每天都想哪些事情做对了、哪些做错了。自我批判不会批垮公司，自我批判不会使大家自卑心增长，即便如此，高速发展的时代与自卑心的增长，两者相互抵消，能够使干部能力增强，沉着冷静，更加成熟。我认为一个善于自我批判的人、有素质的人、有成功经验的人，越批评他，事会做得越好。

在华为，副总监以上的干部都要做自我批判，错误必须众人都知晓，否则不算数。华为人认为，比技能更重要的是意志力，比意志力更重要的是品德，比品德更重要的是胸怀。只有具备自我批判的人才具备优秀的品德和宽广的胸怀，才能容天、容地、容人。

华为要求：

各级主管述职不必刻意低调，但不能夸大成绩，要实事求是；述职要有自我批判精神，要勇于面对过去一年中存在的问题和

125

失误，这样才能不断进步；各级主管和全体员工不要怕犯错误，犯了错误更要敢于改正错误。

你如果不知道自己错在哪里，就永远不会成为将军。你知道过去什么错了，怎么错的，这就是宝贵财富。将军是不断从错误中总结，从自我批判中成长起来的。

2011年，任正非在一次讲话中这样说道：

> 我们的高级干部以后养成个习惯，就是光明磊落，问到什么事的时候，原原本本把事情说清楚就行了，因为我们不会不犯错误的。我们要形成一个习惯，高级干部要么不报告，报告就要讲真话。没有说高级干部不能犯错误，重要的是我们要不断地去研究、去总结。如果大家都认为自己是完人，很完美，什么东西都不肯承认，这个公司就是故步自封。没有自我批判精神的公司一定会倒的，华为公司这种自我批判的精神一直要灌输下去。找不到自己缺点和问题的干部，就不能再提拔了。为什么呢？他已经没有发展的空间了。这个房间他已经从上到下仔仔细细找过了，他找不到缺点，所以他只有房间这么大了，再大一点他都不行了。在选拔干部上，我们各级组织都要注意这个问题。

自我批判要成为一项制度化、一种有纪律的生活方式。如果公司各层级的干部和员工经常问自己"还能改进吗？"，就像基督教徒每周要去教堂做礼拜、天主教进餐之前要做祷告一样，那么艰苦奋斗的作风就能在自我批判的过程中得到保障，并不断传承，公司管理、员工素质也能持续不断地提高。

## 在自我批判中升华

造就一个优秀管理者的真正能力是其接受新事物、新观念，去除旧观念、旧的思维模式和过时的心智模式的能力。这种能力实质上就是自我批判的能力，有了这种能力才能去除自身不符合公司价值导向的价值观，心甘情愿地接受公司核心价值观的约束，并按公司的价值导向重塑自我。

自我批判的能力，实质上也是一个人自我领导、自我管理的理智力、自律力和内在控制力。通过理智的引导进行自我剖析，重新审视自我的愿景、价值观和心智模式。自我批判的过程就是一个思想上、观念上去糟粕、纳精华，进而不断升华和成长的过程，是人生从"必然王国"到"自由王国"的过程，是到达随心所欲而不逾矩境界的必由之路。

企业管理者作为引领企业发展的核心，他们的思想具有一定的延续性，这种思想或超前于企业的发展进程，或滞后于企业发展的阶段。无论是超前还是滞后，都会对企业的发展有影响：如果企业管理者的思想过于超前不利于企业的发展，相对滞后也会影响进步，那么如何使企业管理者的思想既适度超前又不至于滞后呢？那就是企业管理者要勇于开展自我批判。

失败者常说"谋事在人，成事在天"。然而成功者总会说"谋事在人，成事也在人"。前者其实是把不当的"自我管理"与"时运不济"混为一谈。人们要确保心想事成，首要的是让所谋之事建立在对"时势"正确的假设和判断之上。

自古以来，从儒家的"吾日三省吾身""反求诸己"，基督教的教律，到现代时兴的"自我超越""自我设计"……都教导我们"修身"是一个人建立尊严的基础，自我批判的能力是"修身"的基本功。

作为一个管理者，日常工作主要是执行政策，按照公司政策处理各种业务问题。在这过程中难免会遇到个人价值观与公司政策精神冲突的两难问题。作为一个职业人，忠于职守是第一要义，作为个人要坚守自我的做人原则，也是不能动摇的。遇到两者的冲突怎么办？

在这方面，陈珠芳有深切的体会。陈珠芳曾任公司第一任人力资源部部长，面对公司人力资源的一条政策——"末位淘汰"，而作为有将近 40 年教龄的大学教师，陈珠芳深层次的做人原则是："不要让一个阶级兄弟掉队。"她这样记述道：

面对两难问题，我第一想到的是不想离开华为，那就必须执行华为的政策。内在的我很痛苦。我只有以理智去给内在的我讲道理："商场每一天都如严酷的战争，负责任的管理者，必须极力保持企业的高绩效，在人力资源方面若不能经常'吐故'，冗员太多，最后导致低绩效，甚至企业崩溃，是对全体员工最大的不负责任。一个人在一个企业，干一项工作时间太长，又不能自我学习和自我激励，没有激情，在那里耗着，是对生命的浪费，也是对企业对社会资源的浪费。还不如离开，重新找个单位或创业，重新找回自我，唤起工作热情，对个人、对企业、对社会都是好事，是一种负责任的态度。""一个忠于职守的管理者，为了使企业可持续发展，他必须永无止境地开源节流，根据客户的需求进行科技创新、管理创新及时刻牵挂着投资增长，就这些方面可能已经精疲力竭了，却未必能创造更多就业机会，让华为的红旗永不倒就是对社会的发展尽了自己的绵薄之力。"我说服自己，然后我心甘情愿地去执行公司的政策。

上帝给人类最大的礼物是让人类有洞悉、分析事物本质的智慧。但是，我们对事物本质的认知，只能在实践中逐步接近真实。走的就是"肯定——否定之否定——再肯定"的动态自我批判历程。认知过程的多层思考、多方观察，其中"为什么"这一词具有重要的价值。然而，"智者千虑，总有一失"，只要做事，失误是难免的。关键是要在团队内、组织内建立降低失败概率和不屡犯类似错误的文化和防范机制，自我批判的自觉就是其中的文化。

法国有句名言："赢者留意结果，输者留意原因。"遇到失误问题，面对抱怨和投诉，人性的第一反应是"自我防卫"，一个没有经过"修炼"的人，第一时间想到的是寻找"输"的"客观"原因，以此减轻来自内疚、自责的压力和来自外界的舆论压力。这样，势必屡犯类似的错误导致更严重的恶果，这就叫做聪明人做愚蠢的事。作为管理者面对重要工作失误问题，不管是由于自身原因引起的，还是下属员工的个人原因造成的，都有必要在团队中发动"集体省思"，开展自我批判，通过身体力行的自省，让团队全体成员共同提高、共享教训，同时进一步通过流程制度的优化，强化控制，不让同类错误重现。这种做法多次重复就会形成一种防范失误的机制，一道"人民的防火墙"。

# 任正非：为什么建立重装旅

公司要逐步通过重装旅、重大项目部、项目管理资源池这些战略预备队，来促进在项目运行中进行组织、人才、技术、管理方法及经验的循环流动。从项目的实现中寻找更多的优秀干部、专家，来带领公司的循环进步。

——《用乌龟精神，追上龙飞船》，任总在公司 2013 年度干部工作会议上的讲话

华为有 22 个重装旅（即地区部）、100 个陆战队（即代表处）。其中重装旅负责资源整合和配置，也就是输送炮弹；陆战队负责了解客户需求和市场开拓，也就是定点爆破，华为公司的市场冲击力和杀伤力令人叹为观止。

## 一、为什么建立解决方案重装旅

建立重装旅的目的，与"让听得见炮声的人呼唤炮火"是一致的。我们正在进行组织变革，将来代表处就是前沿作战单位，当管理流程打通以后，前方作战组织的编制要缩小，不足力量由战略机动部队来补充。这些机动部队干完后又飞走了。将来分灶吃饭后，若没有饱和

的仗打，代表处就会有一大堆人闲在那里，成本高，奖金少。所以公司将用5-10年时间将这个新机制改革完成。

将来代表处组织很精干，主要是发现战争、策划战争，主力参战的野战部队，是协助当地组织实现目的。当代表处发现战略机会点时，重装旅就像疯子一样飞出去，帮助他们抢占"上甘岭"，使得公司整个组织编制是灵活机动的。

我们只是借用军队"重装旅"这个名词，是指集中全球优质力量，快速机动响应战场呼唤，这就是我们组织模式在发生一种改变。第一，重装旅拥有重型装备，当然你们的重型装备不是坦克，其实是电子化的解决方案。我们把展厅变成了全球体验中心，重装旅有很多重要的解决方案，通过网络推送到前方服务器，客户是可以来体验的。第二，重要工程的技术交付、维护，把全球优秀专家统一调配起来。比如，资金计划部在拉丁美洲也有一个重装旅，他们把能在汇困国家收回钱的优秀人才集中起来，现在只有两个人，指导拉丁美洲几个汇困国家回收货款。

将来解决方案重装旅的规模应该建多大或多小，是长期还是短期组织？我们现在也不知道。首先把有经验、有能力的人集中起来，全球化使用；其次，让这些人带动更多人成长，他们就是高僧，给你开了天光，你上战场后，可能会成长得更快一些。

## 二、重装旅是作战单位，是参战单位，不是培训单位

重装旅是个作战单位，不是培训单位，要在循环作战过程中把干部锻炼起来。如果重装旅只是两周培训，没有经过实践就回到原来的

战壕，那么它不知道能发挥什么作用，也不知道回去后进步有多大。如果说发两本书就算充电，那街上卖那么多书，把书全部读完，有多少领袖可以产生了？仅靠读书是做不了领袖的，还是需要接受指导，然后根据小组沙盘去亲自实践，最后进行总结。

第一，重装旅是循环赋能、循环作战、循环对干部评价，完成整个公司战略的全局性人才循环，让他们直接参加到作战和当地干部任免。所有作战岗位不依据个人的资历来配置，而是根据项目攻克难易和未来战略进行配置。重装旅出来的人可能就是"东西南北一块砖"，服从需要来搬，也不知道会把你们搬到哪里去，谁最合适，谁就去。

我们把各地优秀员工循环起来充电，课程学得好不好，只作为一个参考，跟他过去的工作绩效、是不是将军都没有关系。特别是长期在艰苦地区（如阿富汗、伊拉克……）工作的干部要循环出来，让他们去参加400G路由器、沙特石油等项目作战，然后派到其他地方，他的能力也提高了，这才能体现忠诚的价值。

有人问进入重装旅后是否会提升职级，我不知道，但肯定有一部分人会走在前面。公司鼓励大家上战场，一定是从战场上选拔将军。当然，上了战场，也不是人人都能当将军。这个项目好做，可能你就做成了；那个项目不好做，没做成，你只能抱怨命不好，不要总认为付出了就要有收获。机会总是有的，爬起来再战斗，历史上有多少人都是几起几落的。

第二，重装旅也可以像参谋部一样，对公司68个战略高地进行规划。比如，俄罗斯代表处这么多年都攻不进莫斯科大环，那么要攻进这个战略高地的组织方案是什么、措施是什么？你们要动手做出战略沙盘，带着沙盘来参加培训，然后回去实践。一代代人都来研究、优化这个沙盘，踏着先辈的足迹前进。

未来 5~10 年，这些战略高地一定要出贡献。如果每个国家规划一两个机会点，那么公司就有两百多个机会点，地区部和重装旅就来规划，如何调配兵力，后方如何支援前方。这是一个系统工程，不是派几个猛将去甩手榴弹的问题。每个代表处都要好好去思考，我们培养重装旅的目的，就是要攻下战略机会点。

第三，在学员的技能培训上，训战结合，重装旅和华为大学各尽其责。华大要把自己变成能量单位，把业务部门当成客户，按需求去给部队充电。

重装旅在循环赋能，作战需要什么内容，就培训什么。"1+1=2"，现在有谁不会？没有人不会，说明已是公司的普遍行为，那么重装旅就没有这个教案。另去赋别的能，例如"1+2=？"。我们不可能全面地培训，也不可能让你坐下来好好学几年再上战场，谁养活你呀？老师给你大概讲这个表格如何使用，你自己回去消化，然后在实践中去系统性理解，巩固下来。而且公司内部的学习平台、网络平台越来越开放，所有案例和表格都在网络上，你怎么会成长不了呢？你想想20年前我们的老员工是怎么成长的，他们什么信息都没有，连电脑都没有。

我们会给努力奋斗的人一些启发，提供赋能的机会，但最后你能不能成长起来，全靠自己去学习。你想升到更高级岗位，自己去努力，没有谁能决定你的命运，只有你自己。公司推行的是选拔制，从来没有期望把你们培养成什么，就像给小芽浇水，谁知道你是树苗还是小草，一直给小草浇水，将来能长成大树吗？所以我们也不会管你学得好不好，没学好，你就边缘化；只要你有真本事，就会把你提上来。我早就等着你来接我的班呢！

## 三、作战指挥权在代表处，重装旅更多是助攻

当代表处遇到战略机会点时，需要重装旅来填补合适的战争组合，这个组合应该是前方说了算，而不是后方塞进去。作战指挥权应该还是在代表处，重装旅是个资源池，更多是在技术上助攻，根据代表处的需求提供作战资源。

重装旅不要认为自己兵强马壮，然后去架空"江南游击队"，我不希望出现这种情况。如果我呼唤你们来，把我的权力架空了，那我再也不要你们来了。也不要把前线部队想得那么无能，我们要重视"江南游击队"的作用。什么叫"江南游击队"？就是在江南打游击，大多数是地下党。我们经常在电影上看到一个老头儿蹲着擦皮鞋，说是党的领导人，我认为这是电影。真正党的领导人应该是装得像银行董事长、经理这样的人，能够出入敌方内部，打听到一些消息，有高文化素质，而且有城市管理能力。

如果有个别项目，"江南游击队"确实驾驭不了，我们会重新来选拔合适人员，那也是地区部去坐镇。如果确有重装旅的人适合担负指挥权，我们会把这个人从重装旅任命到代表处或者地区部，他代表地区部再来协调重装旅。否则还没有开始作战，内部斗得一塌糊涂，还打啥仗呢？

"胜则举杯相庆，败则拼死相救"，这是华为成立初期就提出的口号，而且当时真正是这样做的。为什么现在我们做不到了呢？源于KPI考核。每个代表处有了自己的利益空间，各自为政，把资源固化，不顾全局了。所以我们要重新恢复全局的作战方式，需要在KPI考核上做出改变。前方的人若要有本位主义，这个仗就会打输，我们通过

不断运作，让本位主义思想发生改变，产生新的作战机制。将来可能会有几种情况：

第一种，代表处能够独立作战，完全不需要重装旅。

第二种，代表处需要重装旅支援作战。购买资源是需要付钱的，现在我们为了鼓励代表处积极使用重装旅，给了一些空耗费用补贴。重装旅协助代表处作战成功，成本要核算到代表处，这个补贴要高价收回来，因为"上甘岭"被攻下后，地下的钻石矿全是代表处的。如果仗未打赢，就由公司空耗费用承担。

第三种，艰苦地区出现很大波动，代表处危机撤出的人直接拆送到三大战略预备队进行循环赋能。只要是金子，无论是在重装旅、重大项目部还是项目管理资源池，你都会发光。

## 四、工程交付和服务也要加强循环，提高交付质量

未来 3-5 年，所有做工程分包、工程管理的人员，一定是从优秀的项目经理中选拔。虽然项目经理的培养时间很长，但是我们一年有将近 5 千个项目在运作，难道还选拔不出几个优秀骨干？

将来战争越来越复杂，特别是服务，也会越来越复杂。我们通过研发提供全世界最优质的产品，通过制造生产出最高质量的产品，还必须要有优质的交付，从合同获取到交付、售后服务。我们赚了客户的钱，就要提高服务质量，如果服务做不好，最终就要被客户边缘化。以后每个站点交付时，各个环节的责任人都要站在旁边拍几张照片，"你看这个基站是我做的，多整洁"，每个人都要比一比。我们要把自己的青春和力量献给客户，对客户负责任，马马虎虎工作的人是不值得提拔的。

## 五、坚持针尖战略，有所为，有所不为

公司已明确"针尖"发展战略不动摇，坚持路线是"有所为，有所不为"。我们已经通过了公司战略路标图，未来就要紧紧围绕战略路标来做。在大数据流量方面加大投入，我们现在不仅是占领网络地盘，还要占领流量，我们帮客户经营，客户的地盘就那么大，但流量比别人大，那也是成功。我们不能在非战略机会点消耗公司的战略竞争力量，非战略路标的业务做不了就做不了，我们做不到什么都能满足客户需求。但中间界面要逐渐开放，让能做的公司进来做。

丁耘说，2014-2016年公司利润都会非常好。如果前两年，我们没有加强合同管理，没有加强以利润为中心的转型，没有坚定不移在地区部总裁和代表中实行末位淘汰，那么今天公司效益可能很差。如果我们今天不改革了，就会使2017、2018年变得比较困难，所以我们要继续好好改革，提高效率，让公司后几年效益也能保持很好的增长。所有改革成功的依据，就是多产粮食！

延伸阅读

# 探秘——华为大学"高研班"

　　9天、自掏万元学费、请事假、停薪、高强度体力加脑力劳动、日常工作晚上做……这么"变态"的内部培训是什么魔鬼营？这就是华为的独创——高研班。

　　早有听闻华为大学的"高研班"，是华为所有中高级管理者必须参加的研讨课程。每年每月，一批批的管理者全身投入"高级管理研讨班"。是什么，吸引了他们加入如此昂贵、高强度的培训中？

## 起步，松山湖的一天

　　随着华大选址松山湖北侧面积达447亩的一线宝地，高研班开班的必备环节——组建团队、磨炼意志的15公里徒步活动也随之移师松山湖。

　　8平方公里水面的松山湖，42公里湖滨步道，蜿蜒曲折，路边荔枝、龙眼果园成片，间或分布翠绿的草坪，五色花丛，桃树柳树，空气格外清新。徒步任务从入口停车场开始，沿湖滨路行走15公里左右，最终达到华为大学新址隔壁的目的地——松山湖大学城。

　　因为参加的学员日常工作繁忙，不经常参加大运动量的锻炼，这

15公里对少数华为"老人"还是非常有挑战性的。从早上9:00开始，一般要4-5个小时全部学员才能完成。尽管如此，学员们还是兴致勃勃，不管风吹雨打，还是炎炎烈日，全部坚持参加。

徒步完成，全体一起午餐后，在华为大学新址的土地上，还要继续进行团队拓展活动"风雨人生路"——全队成员除第一个人外全部蒙上眼睛，在第一个人的带领下，手拉手穿越丛林、土坎、独木桥以及一些人为高难度障碍，全队必须彼此协作、相互信任才能全部安全到达。

漫长的徒步、黑暗中的摸索前进和跨越障碍，传递的不仅仅是团结互助、互相信任，更是一种坚持、一种精神。高研班在烟波浩渺的松山湖岸边，在曲折却美丽如画的道路上开始了她的探寻之旅。

紧接着，高研班学员就进入华为大学的教室，开始学习的重点阶段：研讨公司核心管理理念及管理方法；传承公司管理哲学、公司文化。

这一阶段，完全以学员为主体，学员自主学习，没有老师上课，只有"吵架"。过程中采用案例式教学，围绕公司高层领导和管理专家主导编写的人力资源管理、财经管理、业务管理三大领域教材（内部称"管理纲要"），让学员采取理论自学、小组研讨、案例演讲、BigQ讨论、专题交流、大辩论、高层领导引导交流、论文答辩等多种形式，大班小组相结合，进行深入的思想碰撞和互相启发，加深理解，以最大限度地促进学员掌握公司管理精髓，提升思想理论水平和管理水平，把握管理方向。

在学习最后，还要从哲学回归实践，输出学习总结：撰写至少一篇真实发生的案例，强化对理论学习的现实分析与应用。为了保证案例的真实性，学员提交的案例将在内部公示，接受全体员工的监督，让造假者、虚空者无处遁形。同时在内部网络"管理视界"上进行深度"发酵"，有不少案例真实揭露了管理问题，引发广大员工和管理者讨论反思。

华为公司核心管理理念及管理方法源于华为的核心价值观，承载了华为 20 多年管理实践中的成功经验和失败教训，是干部保持正确的管理方向、带领团队走向成功的基础和前提。干部参加高级管理研讨班，旨在促进干部对公司核心管理理念和管理方法的深入理解和综合运用，同时通过高层亲自授课和考察，识别可能进入公司关键管理岗位的优秀干部苗子。为此公司制定了相应的管理要求，保证所有一定级别以上的干部均例行参加研讨学习。

参加"魔鬼营"高研班，既是对高强度持续作战的身体考验，更是对管理者思想和观念的锤炼。据悉，华为公司的高级管理研讨班，自 2010 年 12 月第一期开班以来，陆续培训了管理者 5300 人次。他们到全球各地，成为华为全球化发展的生力军。

（本文摘编自《探秘——华为大学"高研班"》，来源：华为人，2014）

第四章

干部的使用与管理

HUAWEI HUAWEI HUAWEI HUAWEI HUAWEI HUAWEI HUAWEI HUAWEI HUAWEI HUAWEI HUAWEI HUAWEI

# 第一节
# 考核：坚持责任结果导向

在华为，每一个干部，从上到下都可以明确责任、目标。任正非表示：

> 我们要坚持责任结果导向的考核机制，各级干部要实行任期制、目标责任制，述职报告通不过的，有一部分干部要免职、降职。要实行各级负责干部问责制。考核是考不走优秀员工的，优秀员工一时受主客观的因素，暂时遭受挫折，但他们经过努力终究会再起来的。

在华为，完成任务好的部门，出成绩也要出干部。华为决定，对完不成任务的部门，一把手要降职、免职处分，同时绝不能在本部门将副职补充提成正职，不然，以后就会出现正、副职的不合作。

2005 年以后，华为同时冻结这个部门全体成员下一年度的调薪，不管他是否调出去。将来从后进部门调往先进部门工作的人，要适当地降职使用。除非是因决策失误而撤销的项目人员。

2010 年，任正非在人力资源管理纲要第一次研讨会上这样说道：

> 我们的待遇体系，是基于贡献为准绳的。只有以责任结果为导向才是公平的，关键过程行为考核机制与此没有任何矛盾。关键过程行为与成功的实践经验，有价值的结果，是一致的。不能为客户输出任何有益结果的能力，我们是不承认的，这就是我们多年来不承认"茶壶里煮饺子"的缘由。

对于业务素质较高但责任结果不够好的人，华为也没有一棍子打死，而是希望他们多做具体的工作，将业务素质转化为实际的责任结果。这说明华为也充分认识到，"金无足赤，人无完人"，责任结果不好可能有多方面的原因。也许是没有掌握或使用正确的工作方法，是"茶壶里煮饺子"，有劲没有使上。要给予他们更多的机会，通过基层的锻炼，最终希望其将优势转化为胜势。当然，前提是他们能认识到自己的问题所在，并将华为的核心价值导向始终作为自己行动的指南。毕竟业务素质的好坏最终需要用成绩来说话。不能抓老鼠，素质再高的猫也不能称为好猫。

## 责任

华为公司对绩效的定义如下：绩效不仅仅是看销售额，而是看华为人在本岗位担负责任的有效产出和结果。归根结底，也就是评价时要看结果，而且强调是要给客户、给上下游、给团队带来贡献和价值的有效结果。现实评价中，亮点、加班、救火等各种现象总会变幻，以上种种都不一定是错，只是需要每个管理者理解绩效的本质，多问几个问题：现象背后，实际的结果是什么？对团队、客户的贡献和价值是什么？

华为任职资格管理体系主要解决了在中国的职业化进程中的一些重要问题，特别是在工业经济转向知识型经济的过程中传统的管理手段不能解决的员工管理问题，即由以事为中心转向更为关注人的管理模式，这是符合知识经济的本质要求的。

华为成功实施了任职资格制度，共有 5 大族、51 类、几百个子类，基本上所有的岗位都有自己的任职资格标准。任职资格的目的是，引导有水平的人做实，让做实的人提高水平，通过学习、磨炼慢慢培养既有水平又能做实的人。标准会告诉你，在这个岗位上，要想做出业绩来，关键的行为是什么、需要的素质是哪些、要掌握的知识技能是哪些。一个人要想在职业上获得更高的提升，必须按照这个标准对照着来做。通常情况下，华为的任职资格一年认证一次，半年复核一次。这其实是华为人的自我管理——你按照你自己的标准去学习、去做，不需要主管或者公司的其他人来督促你，这是自我管理机制里面非常重要的一点。

举例来说，华为的软件工程师可以从 1 级开始做到 9 级，9 级相当于副总裁的级别，享受同一级别待遇。新员工进来之后，如何向更高级别发展，怎么知道差距？华为有明确的制度，比如 1 级标准是写万行代码、做过什么类型的产品等，有量化、明确的要求。员工可以根据这个标准自检。比如：我的 C 语言能力差，便可以通过 iLearning 平台去学，或在工作中有意识地学习和积累。通过一段时间的实践学习，达到了 1 级的水平。接下来，可以向 2 级的标准进发。这就是任职资格的管理。

而任职资格管理的意义就在于：镜子作用，照出自己的问题；尺子作用，量出与标准的差距；梯子作用，知道自己该往什么方向发展和努力；驾照作用，有新的岗位了，便可以应聘相应职位。这种透明的机制，能不牵引员工主动向上学习吗？

有人可能知道，华为的绩效管理是很残酷的。A 和 B⁺ 中间看起来只差一个档次，但奖金却可能是一辆车的差距。所以，在华为绝对没有"大锅饭"，绩效档次拉得很开。[1]

2012 年 8 月，任正非在 EMT 办公例会上这样讲道：

> 我以前觉得公司很有希望，当年成都工程安装的新员工没有便携机，背着一背包的各种工程标准的书到山沟沟里去读，这就是华为的希望。现在什么都不明白，就大规模地外包，什么数据都工程方做的，根本就没有这个能力，凭什么拿这么多股票和工资，现在重新洗牌，要把南郭先生从这个里面洗出来。我不否定老干部，但洗出来之后，不管职务多高都得回炉，还得学会这些东西，取得任职资格。工程任职资格需要哪几条要定出来，标准开放给大家考试，就像考托福一样，笔试考试合格了再给口试机会，口试合格能回复各种问题，证明笔试不是抄来的，就过关，给任职资格。要构筑全套的工程交付能力，

---

1 庄文静. 华为：如何让新员工融入"狼群"［J］. 中外管理，2014.

但人可以不是全面发展，可以有几条职业通道，达到标准可以去做工程经理、工程监理和技术专家，拼起来就是一个工程，要加快接班人继任计划的管理。

如何把不同层级和岗位的华为人放在统一的责任体系内，并依据责任建立分权与激励体系，是很多企业面临的难题。常有人说，组织内只有两个层级是有完整的责任意识的：一个是老板，他承担着生死存亡的压力；一个是一线员工，他们每天每时都有明确的任务指标和行为要求。而中间层很容易成为"转包商"——把上级分配的任务分配给下级，自己成为监工。

没有承担责任，并不表明他们无所事事。恰恰相反，很多企业的管理者很忙，但就是没有产生绩效或战略要求下的成果。尤其知识员工，很容易"自己给自己找事做"，偏离企业的方向，空耗资源。

华为依靠严肃的三级计划和预算管理体系来完成责任的落实，然后发展基于责任的能力，评价基于责任的贡献，执行力由此产生。不仅华为，凡是管理有效的公司，首先学会的都是这一点。

很多企业所做的是"分指标"而不是"分解责任"。指标只是结果，责任是条件。责任到位了，指标自然成；责任落空，指标也就成了肥皂泡。包政老师曾说，应该把各尽所"能"按劳分配，改为各尽所"责"按劳分配。责任是能力的前提，是结果的基础。

华为每年是从7月份开始制定经营计划与预算，从远景规划，到5年滚动战略规划，到年度目标任务和经营计划，直到个人绩效承诺，然后是预算。[1]

## 结果导向

考核到底是应该"考结果",还是"看过程"?有人说当然应该"考结果",没有好的结果,过程再好有什么用。有人说应该"看过程",好的过程能产生好的结果,不好的过程产生不好的结果,不好的过程即使凑巧产生了好的结果,那也是不可重复的,没有多大意义。还有人说,"结果"和"过程"应该并重。如果不能说清楚应该怎么并重,那也是等于没说。

如果考察周期比较长,绩效结果无疑是最终目的,考核应该考结果。从长期看,最终结果的好坏一定是由平时工作的好坏决定的,"以成败论英雄"从长期和统计意义上看没有一点问题。

设定目标强调结果导向,通过授权降低日常管理监控成本,被考核者自主性的增加有助于充分发挥主动性,有助于减少花里胡哨的表面文章。过程关键行为考察和辅导有助于去伪存真和及时纠正偏差。实际工作中应根据具体情况使用最匹配的方法。在不适当的场合哪怕只是灰度比例的失调都可能造成负面影响,更不用说走极端了。

层级越高,所做工作的影响越长远,短期考评宜重点考察关键过程行为,长期考评则应重点放在结果上。对于显效周期长的工作可以分成阶段,阶段成果就有可能适用结果导向,但要防止简单分解的机械做法。中间还有广阔的灰色地带,需要根据具体情况实事求是地对待,但遵循的原则是相同的。

---

1 白刚. 华为的管理为什么会成功［OL］. 新浪财经,2014.

任正非被认为是一个"商业思想家",他总是能触及商业最核心、最本质的区域。但同时,他也是一个典型的实用主义者。他认为,"公司的改革是否正确,就是看作战队伍的作战能力是否提升了。如果作战能力没有增强,改革不正确"。提升队伍的战斗力,"多打粮食",这是他在华为狠抓管理问题的最终目的。

他认为,那些成功的公司,其目标都是为客户产生价值,客户才会从口袋里拿出钱来。"我们一定要把所有的改进对准为客户服务,哪个部门报告说他们哪里做得怎么好,我就要问粮食有没有增产,如果粮食没有增产,怎么能说做得好呢?我们的内部管理从混乱走向有序,不管走向哪一点,都是要赚钱。"他说。管理若陷入了孤芳自赏,结果就会是呆滞。

企业活不下去就没有未来。他提出,华为的价值评价体系要改变过去仅以技术为导向的评价,大家都要以商业成功为导向。在一次跟华为消费者 BG(Business Group,指企业业务)的会议中,该业务部门提出要做到世界第二,任正非当即表示,苹果年利润 500 亿美元,三星年利润 400 亿美元,"你们每年若是能交给我 300 亿美元利润,我就承认你们是世界第三"。

他对消费者 BG 的高管表示,"你们看重过程,但我看重的是结果,从结果来选拔干部。另外,高端手机若以技术为导向,赚不了钱,那你们的高端是没有价值的,过不了 3 个月,高端就成低端了。如果只是试探着科研,我们不反对,但是你们若要做成一个产品,需要别的业务来补贴,我认为有必要在策略上好好分析。"[1]

---

1 张邦松.华为总裁任正非:百战归来思管理[J].经济观察报,2014.

德鲁克对经理人有个评分标准：

"管理审计"的支持者所谈论的话题，例如品格的正直和创新能力，最好留给小说家。

评价管理虽然必要，但是所谓的"底线"并非评价管理绩效的合适标准。与其说"底线"是管理绩效的评价标准，不如说它更适用于经营业绩的评定；而且，今天的经营业绩在很大程度上取决于过去管理的成败。为此，从总体而言，管理意味着今天为明天的经营做好准备。公司未来的经营业绩基本上取决于当前的管理绩效，这主要体现在以下四个方面：

**资金优化配置的绩效评估**。我们需要将实际的投资回报率和做出投资决定时预期的投资回报率进行比对。

**人事决策的绩效评估**。员工的预期工作绩效和他们的具体工作表现并非"难以确定"。两者虽然都不可以量化，但是我们可以很容易地对两者做出评价。

**创新性的绩效评估**。尽管我们在做出研究决定时，无法预测它的结果，但是都可以事后进行评估。我们可以将实际结果与做出决定时的期望值进行反馈比较。

**战略与绩效的比对**。预期战略是否变成了现实？考虑到企业、市场、经济和社会的实际发展情况，战略所确定的目标是否正确？这些目标是否已经实现？

# 第二节
# 三权分立，分权制衡

2006 年以来，华为陆续发布了干部任用三权分立的文件，加强了委员会/办公会议的工作规范，明确组织建设、经济决策的集体决策机制，在干部中展开批判与自我批判的活动，EMT 成员对关联交易也进行了清理。

在华为全球化拓展中，干部培养和选拔问题日益突出，为保证干部任用和员工激励工作的客观性、全面性、公正性，避免单方面决策的片面性和倾向性，在明确干部选拔考核标准的同时，华为在干部选拔过程中间是采用三权分立的方式，第一个权利是叫建议权与建议否决权，第二个权叫评议权和审核权，第三个权叫否决权和弹劾权。实际上也就是把干部选拔的过程从提名、由谁来发起建议、怎样进行建议、由谁来进行审核评议到由谁可以提出否决意见，让这三个权利分别由不同的组织进行行使，相互制衡。

这里介绍一下华为的 AT，也就是行政管理团队。其实在华为各个管理层级里面有两个组织，一个叫 AT，一个叫 ST。

第一个建议权，是由负责日常直接管辖的组织来行使，也就是说某一个干部他如果属于某一个 BU（部门），那么是由这个 BU 的 AT 组织，也就是行政管理团队来行使。

ST 这个组织也叫做经营管理团队，它是由组织常设的这些部门一把手来共同形成，所以它是跟岗位、角色直接相关的。

比如说中国地区部。中国地区部的 ST 是由中国地区部所有的一级部门的一把手来共同组成，那么他们来开展工作、进行决策，主要是针对业务活动、业务事项。

AT 组织的成员是从 ST 中间来进行选拔的，不是说所有部门的一把手都可以进入 AT，而是在其中挑选在人员管理方面具有比较强的能力、具有丰富经验的人来组成。

AT 的职权范围是负责所有跟人的评价相关的工作。譬如说干部选拔评议、绩效考核、调薪、股权发放等等。

建议权由日常直接管辖组织的 AT 来行使，对于在举证组织里面这些部门来讲，是由他举证的另一方来行使建议否决权。

评议权和审核权这项中，评议权是由促进公司过程成长中负责能力建设与提升的组织来进行行使，也就是华为大学。

审核权是由代表日常行政管辖的上级组织来进行行使。也就是由建议权行使的组织的上级部门来行使。

第三个权利是否决权和弹劾权，由代表公司全流程运作要求、全局性经营利益和长期发展的组织来进行行使，实际上就是党委。

党委在干部选拔任命的过程中行使否决权。在干部日常管理的过程中行使弹劾权，这个否决权和弹劾权都是要有基础的，要有依据。也就是在这过程中间由各级员工的举报到经过调查核实，查实确实是这个干部有问题，党委就可以行使否决权和弹劾权。[1]

任正非表示，三权分立是为了使合理性增加一点，而不是说三权分立就能做到合理。经营团队强调一个价值标准，就是责任结果导向（不是素质导向），责任结果导向并不是以销售合同为中心，怎么评价责任结果，看各级组织的管理水平。

自2007年7月三权分立试行以来，截至2008年7月底，华为共有3121人次在三级授权任命体系内，严格按照三权分立流程和模板得到了任命。

华为加强三权分立就是要防止用错干部，或干部用错的状况不要那么严重。

任正非表示：

> 我们的干部要严格要求自己，要聚焦于本职工作，我们要坚持三权分立的干部监察制度，否定、弹劾不是目的，而是威慑，使干部既可以自由地工作，而又不越轨。我们也要从各级党组织中选拔一些敢于坚持原则、善于坚持原则的员工。在行使弹劾、否决中，有成功经验的员工，通过后备队的培养、筛选，可以走上各级管理岗位。

---

1 王玲.华为前高管：华为的干部队伍是这样建立起来的［OL］.正和岛，2015.

## 第三节
## 干部监察的制度和程序

华为干部监察的导向是为了"惩前毖后，治病救人"。任正非表示：

> 对干部的弹劾和处理的问题，第一，我们要好好理解"惩前毖后，治病救人"，我们一定要抱着这个心态，真诚地惩前毖后、治病救人，我们不是拿这个作为一个工具把这个干部折腾一下就完了；第二，真正贯彻坦白从宽这个原则，要真正地理解、掌握好这个灰度，要给人改过自新的机会。我们宽容也不是无边，但也不要太黑白分明，我认为这一点各级组织部门还是要学习理解灰度。反过来，我们也不接受员工威胁公司。员工自己讲的，我们要给予宽容，不过，一点都不处理、一点都不弹劾，就会导致我们这个公司慢慢松散了。但不要永远盯着已清楚的历史问题不放。

华为表示，没有什么能阻挡我们前进，唯有内部的惰怠与腐败。德鲁克曾这样说过："'繁荣'的景象看起来总是形势喜人。但是，每一次'繁荣'的出现，都为'蛀虫'爬到公司高层提供了可乘之机。"任正非表示：

> 我们坚决反对中高层干部的腐化，持续不断地反腐败、反贪污、反盗窃、反假公济私、反不道德行为将是保持我们干部队伍廉洁奉公的有力武器和法宝。
>
> 我当年和有些领导讲过，为什么秦始皇统一了天下，跟韩赵魏三家分晋有很大的关系。晋在当时其实是最强大的，就是韩赵魏把晋分了。为什么分了？是因为权力争夺，这也叫腐败。如果大面积腐败，可能在上面的这一层韭菜铲掉，新冒出来的韭菜也不一定都是健康的，而且这个韭菜没有宝塔结构控制，凭空上来一些人，可能还有很多野心家，比铲除这些贵族的后果可能还更严重。你们已经上升到贵族了，我已经给你们交位了，你们千万不要腐败，腐败对我们才是最大的损失。我们还是要防止大面积地出现这些问题。我们现在有这些苗头，但并没有多严重，我们不能保证以后不严重。如果严重了，把上面这层全砍掉，换了一层，那我们还不如腐败的那些公司。所以不铲除也是问题，铲除也是问题。我们要从制度上防止腐败蔓延。各级一把手不要以为业务就是你们的，其他都是我们的，权力已经下放给你了，监管权力也下放给你了。

依照华为今天的竞争力和拼搏状态，没有对手能够将华为打倒，华为最大的风险将会来自于内部。所以，华为特别警惕各种腐败，特别是干部的内部腐败和各种以权谋私行为。

华为明确表示："高薪不能养廉，要靠制度养廉。"

## 自律宣言

乔辛·迪·波沙达（Joachim de Posada）在 TED 大学会议的一个短篇讲演中，与大家分享了一个关于《推迟吃棉花糖》的试验。

斯坦福大学的心理学教授沃尔特·米歇尔找来一些 4 岁大的幼童，把孩子自己留在一个房间里。然后他告诉 4 岁的孩子："强尼，我要给你一颗棉花糖，15 分钟后，如果我回来的时候这颗棉花糖还在这儿，你会再得到一颗。这样你就有两颗了。"

那么当教授离开后，房间里发生了什么事呢？

门关上之后，三分之二的小孩把棉花糖吃了。5 秒，10 秒，40 秒，50 秒，两分钟，4 分钟，8 分钟……有些孩子坚持了 14 分半。

没办法不吃。等不了。

然而，有的孩子，尽管才 4 岁，就已经懂得成功最重要的原则。这就是"推迟享受"的自律能力。

14 到 15 年后，再做后续研究，他们发现了什么呢？研究人员找到这些已经是十八九岁的小孩们，他们发现没有吃棉花糖的小孩全部都很成功。他们学习成绩很好，人生发展得非常好，都很快乐，对未来都有自己的规划；他们和老师同学关系都很好。

乔辛·迪·波沙达认为这一试验的结论是：即便是孩子，那些有自律精神的孩子，最终也会更谷易走向成功。

而吃了棉花糖的小孩中有很大一部分都有些问题。他们不是没考上大学，就是成绩不佳，甚至有些辍学了。只有少数人成绩不错。

如同畅销书《高效能人士的七个习惯》的作者史蒂芬·柯维（Stephen R. Covey）所写的那样："不自律的人就是情绪、欲望和感情的奴隶。"

自律指的是让你的想法决定你的行为，而非你的情绪。

尤其是在对你的一生有很大影响的大事情面前，自律常常意味着牺牲乐趣和避免一时的冲动。[1]

自律的代价总是要比后悔的代价低的。

史载，朱元璋某日问诸臣："天下谁人最快活？"有人说功高盖世者，有人说位居显赫者，有人说金榜题名者，还有人说富甲一方者……朱元璋听后皆不满意。大臣万钢答道："畏法度者最快活。"此言一出，朱元璋大悦，称赞其见解独到。

之所以说自律是自由和快活，那是从长远来讲，不自律的人是缺乏自由的，也无法得到随之而来的能力。华为规定：

> 党委行使干部的自律监察，内审部、人力资源部协助，建立宣誓承诺、干部自检、独立监察的闭环管理机制。

早在 2005 年，华为高层就警觉到公司最大的风险来自内部，必须保持干部队伍的廉洁自律。2005 年 12 月，公司召开了 EMT[2] 民主生活会，EMT 成员共同认识到：作为公司的领导核心，正人须先正己，以身作则，会上通过了"EMT 自律宣言"，要求在此后的两年时间内完成 EMT 成员、中高层干部的关联供应商申报与关系清理，并通过制度

---

1 如何才能成为一个自律的人［OL］.搜狐，2015.

2 EMT 是华为日常经营的最高责任机构，受董事会委托执行华为的日常管理。

化宣誓方式层层覆盖所有干部,接受全体员工的监督。2007年9月29日,华为举行了首次《EMT自律宣言》宣誓大会,并将这项活动制度化开展至今。

华为董事长孙亚芳在《干部的品德和自律》中这样说道: "公司面临着非常好的发展时期。行业洗牌,友商重整,给我们难得的机会窗。今年公司总销售额可望突破160亿美金,海外市场可望达到总销售额的70%,而且公司的产粮区开始从发展中国家覆盖到发达国家,高端运营商已对华为打开大门。在这种市场形势下,华为能否把握机会并持久成功,关键要看我们的干部队伍。如果我们上不去,要垮就垮在我们内部,所以我们绝对不允许堡垒从内部倒塌,塑造一支廉洁、自律与诚信的干部队伍将是我们事业持续成长的基石。

"随着公司业务快速成长,我们个人手中的权力也越来越大,包括EMT成员和我们在座的所有人,经济状况也在不断改善。有利的一方面是我们有更好的成长空间,但是不利的一方面是我们的人太年轻,大多数人是从学校直接进入华为,缺少生活的磨炼。我们的心理成熟度,自身修养还不够。我们难免受到各种诱惑,尤其在中国今天这个大环境下,高速经济增长刺激了人们的各种欲望,冲击着我们的价值体系。在这样的社会大环境下,我们干部在德行的修养上更为重要。况且,华为的制度正在完善过程中,到处可以钻制度的空子。在制度不完善和监督制约机制不健全的地方,我们很容易以权谋私。经济收入改善了,很容易滋生惰怠,追求物质享受。我们公司某些辞职员工跟我说,我现在多愉快呀,我住着多大的房子……过了不久,耐不住寂寞了,打电话跟我说,哎呀,我能回来吗?我觉得很空虚。这些人,30多岁就进入到60多岁的心态,不思进取了。外在的诱惑,可能会腐蚀我们整个干部队伍。所以我们今天再次谈到品德与自律。我们对干部强调自律与诚信、责任意识、使命感，这都是干部的'德'在企业的体现。

"首先谈自律与诚信。身在高位，更应该严格要求自己。不利用任何权力为自己和自己的亲属、好友谋利。在有制度的情况下，我们要严格遵守公司的制度；在制度覆盖不到的地方，我们要有自律与诚信意识，要以不损害公司的近期和长远利益来权衡。做到自律与诚信的前提是无私，中国有句古话叫：无欲则刚，当然这个无欲是需要修炼的。我们EMT成员已自查了，而且今天宣誓了，下面各级主管要层层自查、层层宣誓。我们这样做是为了华为的明天，不允许华为有腐败的空间。"

华为董事会自律宣言：

华为承载着历史赋予的伟大使命和全体员工的共同理想。多年来我们共同奉献了最宝贵的青春年华，付出了常人难以承受的长年艰辛，才开创了公司今天的局面。要保持公司持久的蓬勃生机，还要长期艰苦奋斗下去。

我们热爱华为正如热爱自己的生命。为了华为的可持续发展，为了公司的长治久安，我们要警示历史上种种内朽自毁的悲剧，决不重蹈覆辙。在此，我们郑重宣誓承诺：

1. 正人先正己、以身作则、严于律己，做全体员工的楷模。高级干部的合法收入只能来自华为公司的分红及薪酬，不以下述方式获得其他任何收入：

绝对不利用公司赋予我们的职权去影响和干扰公司各项业务，从中谋取私利，包括但不限于各种采购、销售、合作、外包等，不以任何形式损害公司利益。

不在外开设公司、参股、兼职，亲属开设和参股的公司不与华为进行任何形式的关联交易。

不贪污，不受贿。

高级干部可以帮助自己愿意帮助的人，但只能用自己口袋中的钱，不能用手中的权，公私要分明。

2. 高级干部要正直无私，用人要五湖四海。不在自己管辖范围内形成不良作风。

3. 不窃取、不泄露公司商业机密，不侵犯其他公司的商业机密。

4. 绝不接触任何国家机密，以及其他国家的任何国家机密。

5. 不私费公报。

6. 高级干部要有自我约束能力，通过自查、自纠、自我批判，每日三省吾身，以此建立干部队伍的自洁机制。

我们是公司的领导核心，是牵引公司前进的发动机。我们要众志成城、万众一心，把所有的力量都聚焦在公司的业务发展上。我们必须廉洁正气、奋发图强、励精图治，带领公司冲过未来征程上的暗礁险滩。我们绝不允许"上梁不正下梁歪"，绝不允许"堡垒从内部倒塌"。我们将坚决履行以上承诺，并接受公司监事会和全体员工的监督。


华为在 EMT 成员宣誓后，开展一级部门总裁层面的自律宣誓，并继续一层层推行到基层干部。

华为认为，商业贿赂等腐败行为严重破坏法制，危害自由和公平竞争。华为对商业贿赂行为持"零容忍"的态度，并启动相关程序，将反贿赂与反腐败机制引入经营当中。

干部如出现个人腐败现象，则不论其有多大的才能和贡献，华为都将不再使用。在其管辖范围内出现群体性腐败事件或现象的，该干部今后也将不再使用。

华为EMT纪要中这样记载着：

> 我们要清醒地认识到，一旦组织里出现系统性腐败，形势就很难扭转。那些曾出现腐败的地方，所造成的历史阴影会很持久，即使经过多年扭转，士气也难以再恢复高昂。所以我们要防微杜渐，一定要用严格的制度和法律来控制干部的质量；我们要"杀猴给鸡看"，让广大员工看到即使是高级干部，一旦出现腐败也不能得到公司的赦免，只有这样，我们的干部防腐工作才有希望。

## 审计和内控

规范和道德构筑了诚信的坚实堤坝。除了强调自我监管，华为也在持续健全组织监管机制。

华为内部文件《管理工作要点》中有着这样的规定："在流程中设立审计点，明确各层管理干部的具体监管责任。不允许在中基层干部中有甩手掌柜。只知原则管理、宏观，不善具体运作的中基层干部要下岗。""规范化是一把筛子，在服务的过程中也完成了监督。要把服务与监控融进全流程。我们也要推行逆向审计，追溯责任，从中发现优秀的干部，铲除沉淀层。"

华为不但要建立起一支强大的专业审计队伍，而且全体干部要参与审计工作，使控制与监督发生在全流程中。在控制有效的基础上，将进一步把管理权力下放，提高运行速度与效率，从而进一步压缩编制。

## 干部公示

华为董事长孙亚芳表示："我们明确了要加强对干部的思想道德品质的考核，以及对员工的诚信进行记录。我们将对提拔的干部实行公示制度，听听员工对他们的责任心、使命感、团队精神、工作能力、思想道德品质的评议，置干部于员工的监督之中。例如，有些干部发牢骚、说怪话、不负责任地传播捕风捉影的消息，这些公司是不可能知道的，只有周边的员工才清楚。有这种毛病的人，得等他改正一两年后，他变成一个负责任的人了，才可以纳入提升考核。不然盲目提拔以后，会带动一个团队都发牢骚、说怪话。我们要把那些敢于向公司提意见，敢于批评公司的人与之分开。后者是我们最希望培养的，也是公司最宝贵的资源，如果他们也善于自我批判的话。"

在华为，任何员工和干部对在职的干部工作情况有不同意见，均可向党委组织干部部投诉；党委组织干部部接到投诉后，组织相关部门调查、取证。

华为对干部的选拔进行360度调查，然而，对360度调查中出现的问题，任正非这样指明：

> 我们为什么对360度调查提出意见呢？我认为不是你的调查方法有问题，是你的评价和分析方法有问题。360度调查是寻找每一个人的成绩、每一个人的贡献，当然也包括寻找英雄、

寻找将军；而不是单纯地去寻找缺点，寻找问题的。现在360度调查完以后，这个人没缺点就OK，这个人有缺点就打倒了，不好。360度调查是调查他的成绩的，看看他哪个地方最优秀，如果有缺点的话，看看这个缺点的权重有多少，这个缺点有多少人反映，看看这个人是不是能改进。而不是说抓住一个缺点我们就成功了，我们用这种形而上学的方法，最终会摧毁这个公司的。

延伸阅读

# 华为组织变迁：由高度集权到分权制衡

## 建立矩阵结构，实施有序分权

在华为成立初期，由于员工数量不多，部门和生产线比较单一，产品的研发种类也比较集中，组织结构比较简单。在这段时间，华为一直采用的是在中小型企业比较普遍的直线式管理结构。由任正非直接领导公司综合办公室，下属五个大的系统：中研总部、市场总部、制造系统、财经系统以及行政管理系统。主管人员在其管辖的范围内，有绝对的职权或完全的职权；各系统中任何一个部门的管理人员只对其直接下属有直接的管理权；同理，每个部门的员工的所有工作事宜也只能向自己的直接上级报告。这种简明迅捷的直线式组织结构，使得华为在创业初期迅速完成了其原始积累的任务，作为公司最高领导者的任正非对公司内部下达的命令和有关战略部署也更加容易贯彻。

然而伴随着华为高端路由器的研制成功及在农村市场上的成功销售，企业逐渐迈上了高速发展的道路，不但在产品领域开始从单一的交换机向其他数据通信产品及移动通信产品扩张，市场范围遍及全国的各省市，而且公司的员工数也呈几何倍数递增。在这种情况下，单纯的直线管理日益暴露出其缺点：在组织规模扩大的情况下，业务比较复杂，所有的管理职能都集中由一个人来承担。而当该"全能"管理者离职时，难以找到替代者，导致部门间协调差。

任正非很快意识到这种管理上的弊端，认为华为的发展应该向市场靠拢，这种靠拢不仅要依靠先进的技术、可靠的质量，还必须用周到的服务去争取市场，在这种直线式管理的结构上进一步细分管理系统。1998年，华为废除了以往部门结构管理这种权力主要集中在少数几个高层手中的管理模式，在大量学习和理解西方先进管理经验的情况下，结合自己的实际情况，转而引进事业部机制，以提高管理效率，创造更多新的增长点，"调动起每一个华为人的工作热情"。也就是按照企业所经营的事业，包括产品、地区、顾客（市场）等来划分部门，设立若干事业部。

一旦出现有战略意义的关键业务和新事业生长点，华为就会在组织构架上相应地建立一系列明确的负责部门，这些部门是公司组织的基本构成要素。一旦出现新的机遇，这些相应的部门就会迅速出击抓住机遇，而用不着整个公司行动。在该部门的牵动下，公司的组织结构必定产生一定的变形。在这个过程中，相互关联的要素（流程）没有发生变化，但联系的数量和内容都发生了变化。当阶段性的任务完成之后，就恢复到常态。从平衡到不平衡，从不平衡回归新的平衡，这是一个不断演进的动态过程，并且具备权力相互制衡的天然特征。

从此，华为事实上开始转向了矩阵结构（二维组织结构）。既拥有按战略性事业划分的事业部，又拥有按地区的战略划分的地区公司。

在1998年定稿的《华为基本法》中，第四十四条明确提出："公司的基本组织结构将是一种二维结构，即按战略性事业划分的事业部和按地区划分的地区公司。事业部在公司规定的经营范围内承担开发、生产、销售和用户服务的职责；地区公司在公司规定的区域市场内有效利用公司的资源开展经营。事业部和地区公司均为利润中心，承担实际利润责任。"

同时，在第四十六条对事业部建立的原则和作用进行了更为明确的阐述和规定："对象专业化原则是建立新的事业部门的基本原则。事业部的划分可以是以下两种原则之一，即产品领域原则和工艺过程原则。按产品领域原则建立的事业部是扩张型事业部，按工艺过程原则建立的事业部是服务型事业部。扩张型事业部是利润中心，实行集中政策、分权经营。应在控制有效的原则下，使之具备开展独立经营所需要的必要职能，既充分授权，又加强监督。对具有相对独立的市场，经营规模已经达到一定规模，相对独立运作更有利于扩张和强化最终成果责任的产品或业务领域，应及时选择更有利于它发展的组织形式。"

为了最大限度地抓住各地的市场，做好产品的销售和服务工作，华为还非常重视地区公司的建立。1997 年，任正非首次提出建立合资公司，随后与铁通合资建立北方华为，收购原 102 厂建立四川华为，自此开启了华为市场战略布局大幕。2002 年，上海华为改制，成为华为市场部真正意义上的华东分部（即华为的地区公司）。随后，其他合资公司也逐步改制，华为的合资公司最终完成了他们的历史使命，演变成为后来的地区公司，即：按地区划分的、全资或由总公司控股的、具有法人资格的子公司。地区公司在规定的区域市场和事业领域内，充分运用公司分派的资源和尽量调动公司的公共资源寻求发展，对利润承担全部责任。在地区公司负责的区域市场中，总公司及各事业部不与之进行相同事业的竞争。各事业部如有拓展业务的需要，可采取会同或支持地区公司的方式进行。

在华为创始人任正非看来，事业部和地区公司的成功与否，关键都在于组织分权制度是否适度。"事业部不能军阀割据，自立山头。如果对事业部失去控制就失去建立事业部的目的。子公司能吞掉母公司，更是个笑话，是控制关系的完全颠倒。"任正非在刚开始建立矩阵结构的时候，就注意到了这个问题，"我们必须明确，只有控制有效的组织才是我们应该建设的组织，没有控制有效，就没有必要分权。"

## 权力新主角，一线铁三角

在 20 多年的发展历程当中，华为不断因应环境和自身的变化，虽然"谨慎"，但一步步探索出了一条适合自己的分权之道和授权之术。到 2009 年，任正非又开始酝酿新的改革。

这一年，在极端困难的外部条件下，华为成功经受住了考验，业绩逆市飘红，全年销售额超过 300 亿美元，销售收入达到 215 亿美元，客户关系得到进一步提升。在内部，亦同步开展了组织结构和人力资源机制的改革，确定了"以代表处系统部铁三角为基础的，轻装及能力综合化的海军陆战式"作战队形，培育机会、发现机会并咬住机会，在小范围完成对合同获取、合同交付的作战组织以及对中大项目支持的规划与请求。

随着时间的流逝和组织的放大，拥有太多权力和资源的华为决策机构远离战场，同时为了控制运营风险，自然而然地设置了许多流程控制点，而且不愿意授权，滋生了严重的官僚主义及教条主义，导致最前线的作战部队，只有不到三分之一的时间用在找目标、找机会以及将机会转化为结果上，大量的时间是用在频繁地与后方平台往返沟通协调上。面对越来越大的市场，战线不断被拉长，战机的稍纵即逝留给华为调动资源的时间越来越少，一线必须拥有更多的决策权，才能适应千变万化中的及时决策。

这个问题如何解决？常规思维，既然是前后方相隔太远，中间协调不足，那么对后方进行精简机关、压缩人员、简化流程，这样前后方沟通与资源调配效率就能得到提升。但华为 EMT（经营管理团队）却并不认同这个做法，他们认为简单的精简机构并不能从根本上解决问题，机关干部和员工压到一线后，会增加一线的负担、增加成本，更重要的是帮不了什么忙，无法产生额外的效益；而且机关干部下去以后以总部自居，反而干预了正常的一线工作，得不偿失。既然常规方法行不通，想要创新却也不易，眼看就要陷于僵局，一份来自华为北非地区的汇报带给任正非一丝启发。

在华为北非分部，围绕做厚客户界面，员工成立了以客户经理、解决方案专家、交付专家组成的工作小组，形成面向客户的"铁三角"作战单元。铁三角的精髓是为了目标，而打破功能壁垒，形成以项目为中心的团队运作模式。华为的先进设备、优质资源，应该在前线一发现目标和机会时就能及时发挥作用，提供有效的支持，而不是拥有资源的人来指挥战争、拥兵自重。这为华为组织变革和分权提供了一条思路，就是把决策权根据授权规则授给一线团队，后方仅起保障作用。相应的流程梳理和优化要倒过来做，就是以需求确定目的，以目的驱使保证，一切为前线着想，共同努力地控制有效流程点的设置，从而精简不必要的流程，精简不必要的人员，提高运行效率，为生存下去打好基础。

可以更形象化地理解，华为过去是中央集权制，组织和运作机制是中央权威的强大发动机在"推"，推的过程中一些无用的流程、不出功的岗位，是看不到的。而现在华为将权力分配给一线团队，逐步形成"拉"的机制，准确地说，是"推""拉"结合、以"拉"为主的机制。在拉的时候，看到哪一根绳子不受力，就将它剪去，连在这根绳子上的部门及人员，一并剪去，组织效率就会有较大的提高。权力的重新分配促使华为组织结构、运作机制和流程发生彻底转变，每根链条都能快速灵活地运转，重点的交互节点得到控制，自然也就不会出现臃肿的机构和官僚作风。

权力的重新分配，并不否定过去20年华为取得的成绩。过去高度的中央集权，防止因权力分散而造成失控，避免了华为的夭折，但世界上没有一成不变的真理，今天，华为通过全球流程集成，把后方变成系统的支持力量。沿着流程授权、行权、监管，来实现权力的下放，以摆脱中央集权造成的效率低下、机构臃肿。

打赢一场战争，需要的是全局运筹帷幄，而打赢一次战斗，靠的却是战斗部队的实力和随机应变。在可以预见的未来，华为一线真正拥有了"将在外，军令有所不受"的主动决策权，而后台与总部分离，完全成为支持角色，为前线的每一次战斗提供资源和配套，没有了颐指气使，运营效率的提升是必然。总部则依靠战略导向主动权和监控权，来保障一线的权力不被滥用或者无效益地使用。这不是一次传统意义上权力从上至下的逐级分解，而是从下到上、从一线到后方的一次权力重铸。

（本文摘编自《华为组织变迁：由高度集权到分权制衡》，
作者：刘祖轲，来源：凤凰科技，2014）

# 以司法震慑腐败

随着公司在海外业务的不断发展，风险管理和腐败预防越来越重要。作为公司安全合规运营的重要保障力量，法务部依据公司的精神，近年来加大了对内控腐败案件的司法力度，对潜在的腐败起到了极大震慑，为公司海外业务健康快速发展，做出了积极的贡献。

A 国是波斯湾畔一个古老的神秘国度。随着公司在 A 国业务体量的快速增长，与之相随的，是代表处日益严峻和紧迫的内部反腐形势。代表处法务团队与审计等相关专业部门一起，不畏困难，充分发挥专业能力，成功处理一系列内控案件，给当地腐败形成有力震慑，也为公司在当地的合规运营，提供了安全保障。

## 全面调查严打腐败

2011 年年中，经公司例行稽查发现，2009 年到 2011 年 6 月，该国代表处原 CS 部门主管 S 滥用职权，伙同供应商，伪造发票、采购申请表、验收报告等，骗取公司货款约 30 万美金。员工拒不承认犯罪事实，也不配合调查。经内审申请并经公司决策，决定将嫌疑人移交法务处理。

法务接手案件后，对现有证据进行了深入分析。发现嫌疑人非常狡猾，基于已有证据，以诈骗或者侵占控告嫌疑人，有相当大的难度。即使报案，也会被司法机关打回来。因为A国法律体系主体是非世俗化的，对于私营企业中的员工经济犯罪这种世俗性违法行为，并不太关注。虽立法有禁止和制裁性规定，但司法实践中，一般认为这种行为是"小事情"，即使报案了，司法机关都会要求当事人和解。但案件大量信息又表明，嫌疑人确有重大非法获利的嫌疑。

职业的敏感性，还是让律师对部分发票中的印章和签字真实性产生了怀疑。带着疑问，法务亲自走访了发票中提到的开票商店。一开始，商店人员否认造假，华为律师一再晓以利害，最终，两家商店确认发票中的印章和签字系伪造。虽然这些发票涉及金额不高，但伪造印章和签字本身就是犯罪。慎重起见，代表处法务决定委托A国著名外部刑事律师对此进行评估，以确定报案策略。

2012年1月，法务最终决定以伪造印章和签字的罪名将S告到检察院，并请求检察院提起公诉。检察院指定司法专家对发票上的印章和签字进行司法鉴定。鉴于司法鉴定的重要性以及对可能的暗箱操作的担心，法务对司法鉴定进行直接跟踪和推动，最终获得了司法鉴定书，确认S伪造事实。

2012年6月，检察院基于司法鉴定书提起公诉。案件移交至法院。2013年1月，法院判决S有期徒刑4年，退赔所有非法所得，并缴纳与案值同等金额的罚款。法网恢恢，疏而不漏。S自作聪明，也对当地不关注私企腐败问题的外部法律环境过于自信，最终锒铛入狱，身败名裂。

此案判决落地后，就像被引爆的炸弹，在代表处引起强烈反响，也给那些心存侥幸的员工带来震慑和警示。

# 雷厉风行震慑腐败

2013 年底，内审接到举报，代表处原项目网络部署工程师 B，伙同设备安装分包商员工里应外合，在部分项目的交付过程中数次盗取我司设备，并销赃给 X 公司，共牟利 7.06 万美元，不当获利由两方均分。X 公司还长期在 A 国非法收购、倒卖来源不明的华为设备，除支付收购赃物款外非法牟利 17 万美元。

又是一个大案。接手案件后，代表处法务立刻向地区部法务主管汇报，大家一起讨论后，行动起来。先分析证据，但很快发现被法律认可的证据不够充分，仓促报案，有失败的风险，必须继续取证。于是法务直接去设备被盗的现场调查，希望能发现更多线索和证据，但未能成功。大家犯了愁，经过一番讨论决定，还是找举报人再了解一下情况。举报人说只能提供 X 公司办公地址。法务私下一探，发现 X 公司尚在使用华为设备，大喜之下，决定立即报案，以便快速锁定证据。

2014 年 3 月，法务向检察院举报 B 和 X 公司盗窃华为设备，并请求检察院调查 X 公司办公场所。在我司报案后，检察院命令警察局对 X 公司办公场所进行突击检查，查获华为设备若干，获得实体证据。随后，检察院传讯 X 公司总经理和 B，并将两人司法滞留 1 天，在两人缴纳保释金后释放。

B 回去后马上联系法务，希望主动退赔，获得和解。经代表处主要相关领导讨论后，同意了 B 的请求，但要求 B 主动配合作证，检举 X 公司。之后 X 公司总经理终于坚持不住，主动联系我司退赔和寻求和解。

考虑到当地及此案的特殊情况，我司最终同意和解。

虽然和解了，但是华为雷厉风行的司法行动和决心，还是极大震慑了内部腐败，缓解了我司设备的违规销售情势。该案在当地的 ICT（信息和通信技术）市场产生重要影响，市场上一度难以从非正规渠道购得华为设备，整肃了水货泛滥的问题。

目前 A 国代表处还有一个内控案件正在处理中，代表处法务信心满满，将继续全力以赴处理此案，困难再大，也要争取成功结案，绝不给腐败分子留下侥幸空间。同时，A 国只是一个缩影。地区部法务去年下大力气推动各代表处法务投入资源，以司法手段来打击和震慑腐败。继 A 国内控案件成功后，去年（2014）在阿联酋也成功处理了一起内控腐败案件。

（本文摘编自《以司法震慑腐败——记 A 国法务团队内控案件处理》，
作者：法务部海外内控专业组，来源：华为人，2015）

# 华为国内营销干部360度周边考察介绍

　　为了规范和完善国内营销系统干部任命与考察的程序管理，增强干部选拔任用的透明度，国内营销系统对系统内拟任命的中层管理者开展了一项名为360度周边考察的工作，通过对拟任命管理者周边人员的调查访谈，了解其在平常工作中诚信、责任心、使命感、任职能力、职业素养、周边合作方面的表现，尤其是是否能聚焦工作，是否具有领袖风范作为重点考察内容，以加强对干部的全面、客观评价。

　　对于调查结果和评价，坚持以实事求是原则进行甄别，看主流、看本质。对于员工反映在品德、绩效等方面有问题的干部，经调查确认的，调整其任命。属于一般性缺点和不足的，则制定相关报告及记录并正式上报相关任命，特别是对于那些敢于管理，有业绩也有缺点的干部进行大胆启用。我们也要防止那些只会搞群众关系、领导关系而没有具体业绩的干部得到选拔与任用。下面有两个案例：

　　案例一：员工A被提名为某办事处二级部门主管，于是国内营销系统启动了对其360度周边考察，被访谈员工纷纷发表了自己的看法：

　　"A的工作责任心应该说还可以，总的表现可以打80分。"

　　"A的业务能力属于中等，原来是XX产品部的，但其产品知识掌握得还不够，后来转到 XX 系统部搞客户工作。"

"A 过于自信，比较清高，与上级及横向沟通能力还可以，但对下属及一般员工的沟通交流不多，管理风格过于简单，基层员工及下属感觉难以接触和交流。"

"A 在业务活动中出现过一次较大的失误，在客户方产生了一些负面影响。"

......

根据对 A 的 360 度考察及商议结果，国内营销系统调整了对 A 的任命。

案例二：员工 B 被提名为某二级部门主管，在 360 度周边考察的过程中，有若干访谈者提出了问题："他对下属过于严厉，他的工作方法有问题，'刚性有余，灵活性不足'，致使很多下属害怕他，甚至有人产生抵触心理。"经过进一步分析与调查，了解到员工 B 工作敬业，为人比较正直，与客户沟通、交流的效果也很好，只是在工作风格上对自己、对别人要求都非常严格，因此，仍然坚持了任命。同时，将周边的意见反馈给他，促使其改进。

在过去的几个月内，国内营销系统对 20 余名拟聘干部进行了 360 度的周边考察，涉及调查人员 100 名左右，主要访谈方式为电话访谈（部分人员采用直接面谈的方式），总体效果较好。一位负责干部考察的员工表示："有了 360 度周边调查结果，我们最终决策时信心大多了，在进行任前谈话时针对性也更强。"一位被访谈者说道："这是我在公司第一次接受正式的访谈，不管我的意见能起多大作用，这至少表明公司在关注我们这些一线人员的声音了。"

360 度周边考察规范、完善了干部选拔与任命制度，使得整个干部选拔的程序公正性大大提高。通过访谈，考察部门得到了重要的第一手资料，充分听取了基层员工及干部意见，也提升了周边员工对干部选拔结果的认可度；促进了干部梯队建设的良性循环和培养机制的完善，强化了干部选拔的制度性监督措施；同时，加强了干部的自我管理和自我约束意识，周边访谈有如一面多角度的镜子，从各个方面反射出拟任命干部的问题与不足，真正落实了干部大会上提出的"切实将干部放于员工的监督之中"。

360 度周边考察仅是一个初步尝试与开端，它将与干部任命公示、任前谈话等制度共同完善干部任命环节。此外，国内营销系统还将陆续完善干部问责、关键事件库等制度，建立一套清晰、系统、完整、客观的干部行为表现考察体制。通过一系列制度的建立与完善，进一步形成以"能力看业绩考核、品德重行为表现"的实事求是、德才兼重的营销干部培养选拔机制，加快干部队伍成长，适应公司发展需求。

（本文摘编自《一面全方位的镜子》，作者：华为国内营销干部部，来源：华为人，2004）

# 干部队伍的建设

# 第一节
# 以选拔制建设干部队伍

与其他企业的做法不同，华为对于干部只强调选拔，不主张培养和任命。公司的干部不是培养出来的，而是选拔出来的，干部需要通过实际工作证明自己的能力。正如任正非在 2013 年 EMT 办公例会的讲话中称："苗子是自己蹿出土面上来的，不是我拿着锄头刨到地下找到这个苗子。认可你，然后给你机会，但能不能往上走在于你自己。机会是靠自己创造的，不是别人给你安排的。"

华为强调项目管理中产生人才，每个人都应该从最基层的项目开始做起，将来才会成长。如果直接走到高层领导来的，最大的缺点就是不知道基层具体的操作，很容易脱离实际。

华为要求，想当将军的士兵，就一定要从基层出来，去艰苦地区锻炼。任正非这样解释说：

我们说的选拔制就是你有将军的特征我们就选你，不是将军的料就不选你。而且我们主张不想当将军的士兵都是好兵，为什么呢？这就是我们的职员队伍，我本来就不能当将军，我何必要去受当将军那个折磨呢？到阿富汗去踩踩地雷，到喜马拉雅山去爬雪山，到非洲的原始森林去吃那个苦……我就在深圳当个小职员，就挣个几千、万把块钱的工资，我生活节约点，也很好。你受了半天磨难，浪费了我多少成本，你还是不能当将军，何苦呢？我们只要求当将军的人一定要去吃这个苦。将军选拔制呢，就是说，让有才能、有干劲、有热情、工作责任心很强的人，就是干部快速成长。所以将军是选拔出来的，并不是培养出来的，培养不出将军来。真正想当将军的是那种有学习精神和渴望的人，你要有渴望，再交少量的钱你就可以参加培训、考试。

## 将军不是培养出来的，是打出来的

"猛将必发于卒伍，宰相必取于州郡。""每个人都应该从最基层的项目开始做起，将来才会长大，如果通过烟囱直接走到高层领导来的，最大的缺点就是不知道基础具体的操作，很容易脱离实际。"因此，将军必须从实践产生，而且是从成功的实践中产生。华为的组织建设也与军队的组织建设类似，先上战场，再建组织，"扛着炸药包打下两个山头你就当连长，没有什么服气不服气。"

华为大学以分级培养后备干部为工作重心，主要是培养实干能力。MBA（工商管理硕士）只是有技能，而干部的天职是要担负责任。

证明是不是好种子，要看实践，实践好了再给他机会，循环做大项目，将来再担负更大的重任，10 年下来就是将军了。华为人力资源管理部和华为大学要加强对种子的管理，种子到各地去干几年以后，不要把他忘记了，优秀种子回炉以后，可以往上将、上校上走。

有管理潜力的人才通过基层实践选拔出来后，将进入培训与实战相结合的阶段，此时公司会提供跨部门跨区域的岗位轮换和相应的赋能培训。"自古以来，英雄都是班长以下的战士。那么英雄将来的出路是什么呢？要善于学习，扩大视野，提升自己的能力。"

任正非曾明确表示：

我们是选拔者，我们只有选拔责任，不承担培养责任。下连去当兵，愿意去就去，不愿意就不去，自己认为有才能那就选择在实践中成长起来，寻找自己成长的机会。没有几个干部是培养出来的。

到底是先建组织，还是先上战场，任正非主张先上战场。任正非表示："我已经对企业业务的组织建设批评过了，忙着建组织，忙着封官，没任命你先上战场打啊，打下来不就当连长了吗？你们要以这个方式来考核和选拔干部。官怎么出来的？打出来的。你战功卓著，当了军长，然后跟着你的人当了团长，这个宝塔结构的体系是稳固的。而我们用任命的方法建组织，全世界撒了一大批官，实际上一盘散沙，根本没有作战能力。"

华为人力资源部和片联负责选拔优秀的管理型人才进行循环轮换。此阶段也加入组织层面的赋能培训任务，由华为大学承担。

### 1. 循环轮换

在训战结合中对于"战"的部分，华为学习美国航空母舰舰长的培养机制，关注干部的"之"字形成长。"直线"成长起来的干部缺少全面发展和协调事务的实践历练。"过去我们的干部都是'直线'型成长，对于横向的业务什么都不明白，所以，现在我们要加快干部的'之'字形发展。"任正非说。"之"字成长意味着岗位循环与轮换。华为基本法规定："没有周边工作经验的人，不能担任部门主管。没有基层工作经验的人，不能担任科以上干部。"

各部门将负责帮助新流动进来的人员尽快融入和成长。循环流动的人员到了新部门，也要通过学习去适应新环境和新工作。

任正非同时也强调干部的循环流动是根据业务需要，不是为了流动而流动，"比如搞概算、合同场景，只需要少部分人跨全球使用，但要求多数人能跨区域使用。为了培养一支有实践能力的队伍，我们才流动。我们只会给可能上航母当舰长的人进行循环流动，其他职员不需要海外经验，也不需要流动。职员族固定下来，干一行，爱一行，专一行。所以不是为了干部成长去流动，而是你成长了，就给你流动机会。"

### 2. 赋能培训

训战结合阶段中"训"的部分主要由华为大学承担，华为大学通过短训赋能输出"能担当并愿意担当的人才"。为此，华为大学教育学院基于"管事"和"管人"两个角度专门开发了相关培训项目：后备干部项目管理与经营短训项目（简称"青训班"）和一线管理者培训项目（First-Line Manager Leadership Program，简称"FLMP"）。

此外，华为大学有一个核心工程系。核心工程系总体目标：锻炼人，培养人。华为 EMT 纪要中有着这样的记述：

> 核心工程营要通过硬装与工程实践，为华为培养十年二十年以后有综合实力的干部。核心工程营新兵队的口号是："吃大苦，耐大劳，担大任"；核心工程营干部队的口号是："视野、意志、品格"。

项目管理是华为公司管理的基本细胞，被视为是公司最重要的一种管理。任正非说过，"美军从士兵升到将军有一个资格条件，要曾做过班长。将来华为干部资格要求一定要是成功的项目经理，有成功的项目实践经验。""项目管理做不好的干部，去管理代表处和地区部就是昏君。"因此，华为以项目管理为主线去培养后备干部。

以拉通"端到端"项目管理和经营为主要培训目标的"青训班"，其覆盖人群是将来要成为一线干部的后备人才，旨在为公司未来以项目为中心的科学管理奠定基础。青训班项目并不仅仅包括课程讲授，而是一个包括自学、课堂、实战等环节的系统赋能项目，见表 5-1。

对于一个志在成为"将军"的华为人来说，仅靠业务的项目管理赋能是不够的。一名合格的基层管理者，不仅会"管事"，还要会"管人"。随着公司业务发展，新任干部持续上岗，如何使他们尽快完成"转身"并帮助他们持续提升管理能力呢？

**表 5-1　华为大学"青训班"项目**

| 赋能环节 | 概述 |
|---|---|
| 1. 网课自学 | 学员通过自学初步掌控项目管理的基本环节和理论知识点 |
| 2. 课堂演练 | 5 天实践，模拟组建项目管理团队，采用一线真实案例进行模拟训练，辅以讲师点评，以达到"训练完就能上前线打仗"的效果 |
| 3. 项目实践 | 走上战场，"脱岗"到一线交付项目中实践 2 个月，承担项目管理过程中的一个关键角色，并尽量安排学员跨岗实践 |
| 4. 结业答辩 | 学员参与答辩评估，结业成绩由人力资源部门备案，为其日后岗位晋升提供参考 |

华为大学教育学院推出了专门为基层管理者设计的 FLMP 项目，旨在帮助学员完成从骨干（个人贡献者）到管理者的转身，并"点燃每个基层管理者的内心之火"。作为基层管理者的"班长"，承上启下，在公司责任重大。正如 FLMP 项目负责人在 2014 年华为大学项目荣誉奖评选宣讲会上讲道："点燃这 1.5 万基层管理者的内心之火，就意味着通过他们可点燃所有一线员工！"

同青训班类似，FLMP 也是一个集学习研讨、在岗实践、述职答辩与综合验收于一体的系统性赋能项目，见表 5-2。

华为崇尚短训制，因为华为所属的行业和外部商业环境瞬息万变，要想内部组织长时间系统的脱产培训，恐怕一个学期没结束，公司已经在竞争中落后了；而不学习、仅靠工作中的个人领悟又远远不能满足这么大组织的学习发展要求。因此平衡下来只有集中精力基于业务痛点开发，并选拔真正具备丰富一线作战经验的教师组织短期授课，组织业务骨干集中分享研讨的短训方式，才是适用于当前公司业务需求的最佳培训方式。

表5-2　华为大学"FLMP"项目

| 赋能环节 | 概述 |
|---|---|
| 1. 自学与考试 | 学员通过自学初步了解管理理论及相关知识点 |
| 2. 课堂教学 | 基于公司对基层管理者的要求，培训课程包括基层管理者角色认知、团队管理、绩效管理、有效激励和公司人力资源管理政策，转换学员思想，为学员植入管理意识和观念 |
| 3. 实践检验 | 在任岗实践5~6个月，通过具体实践固化行为 |
| 4. 述职答辩 | "思想"和"业务"双重过硬的"班长"可通过考核答辩，成绩作为新任干部未来晋升的依据 |
| 5. 持续学习 | 推送FLMP知识管理平台和学习地图，方便学员在岗学习 |

## 不断地充实自己

据美国国家研究委员会的调查，半数的劳工技能在3至5年内就会变得一无所用，而从前这段技能淘汰期是7至14年。特别在工程界，毕业10年后所学还能派上用场的不足1/4。因此，学生在学校里注重的不是学习具体的知识，重要的是要学习如何"学习"。在走出校园之后，学习也变成随时随处的必要选择——很多美国人的生活经历就是进进出出校门几十年。任正非在《谈学习》一文中指出："我们要求高中级干部及一切要求进步的员工，要在业余时间学习，相互切磋，展开有关讨论及报告会。员工也有不学习的权利，公司也有在选拔干部不使用的权利。这种权权交换，使得每一个要进步的员工都会自觉地学习。高中级干部退步的，我们也要调整下去。"对于员工，不学习将得不到提拔机会；对于干部，无论职位多高、资历多深，都不能躺在功劳簿上睡大觉，不学习、不进步就意味着下岗。

华为公司崇尚学习。华为轮值CEO胡厚崑在一次演讲中这样说："善于学习是提升管理能力的重要手段，善于学习的管理者才能培养学习型的组织，只有学习型的组织才能从容地面对高度不确定的商业环境。学习的途径有很多，书本可以启发我们思考问题、解决问题的方法，但就像'复盘'是棋手最好的学习与提高手段一样，每一次成功和失败（包括自己的也包括竞争对手的）都是我们最好的学习案例，因此必须学会在实战中进行总结与举一反三。人是有记忆的，但组织没有记忆，在当前新干部提拔快，培训系统跟不上组织扩张需要的情况下，如何采取有效措施保证个体的经验在组织内传播与共享是每个团队领导者需要认真解决的问题，总结案例的工作非常重要，但光有案例是不够的，还需要建立一个系统以保证案例中所蕴藏的经验与教训在组织内进行有效的复制，这将直接影响人力资源的使用效率和整个组织的工作质量。"

华为有这样一个观念，那就是："知识是劳动的准备过程，劳动的准备过程是员工的投资行为。"任正非曾在华为后备干部总队例会上这样讲道：

我们现在培训员工的方法，是巴不得全体员工都当总统。这么全面性的发展，不管员工是花草还是树木都浇水，一盆盆往上浇，很高的成本浇出去了，可有几个优秀的人是浇出来的。我的主张是，知识要员工自己去想办法解决，知识是劳动的准备过程，劳动的准备过程是员工自己的事情，是员工的投资行为。我们要改变培训、培养的观点，不要随便用培养这个字眼，自我学习是员工的责任。员工视野不宽阔不是我们的责任，视野怎么去培养？我们不能承担无限责任。我们是选拔者，我们只有选拔责任，不承担培养责任，不要把责任都揽在自己身上。

**自身要渴望成长的动力。**任正非表示：

自身想当将军，你就会渴望搞清楚飞机、大炮、坦克、枪，如果这辈子只想当士兵，那就何必要去了解大炮，只要懂得枪就可以了。一方面相互交流，相互促进；另一方面，个人要有进步的渴望，个人如果没有渴望进步的压力和动力，任何的支撑和平台都是没有用的。

中国教育体制的弱点是以培养高级打工仔为基础的，而欧美有一部分学校是以培养领袖为目标的。例如，他们在中学开设历史、哲学、政治、社会学……我们公司的高级干部，以及一部分领军的高级专家，要使自己的视野宽广一些、思想活跃一些，要从"术"上的先进，跨越到"道"上的领路，进而在商业、技术模式上进行创造。有部分人可以成为某方面的思想家，学点哲学、历史，有好处。

华为成立了华为大学来对干部进行培养。华为大学采用以自学为主的教育引导体系。

成功者都主要靠自己努力学习，成为有效的学习者。事实上，每个岗位天天都在接受培训，培训无处不在、无时不有。

# 第二节
# 从实战出发，学以致用

任正非认为，"其实每个岗位天天都在接受培训，培训无处不在、无时不有"。而针对华为大学的培训，公司有明确的要求："关键是教会干部怎么具体做事。""要学以致用，不要学天桥把式，'练'是为'干'，而不是为了'看'。"因此，高研班、青训班和FLMP的课程设计与课堂演练均从实战出发，教学内容与一线作战实践保持一致。

所用案例来自项目一线，由华为大学案例咨询人员专门采集编写而成，课程研讨环节也需要学员在参训前提前准备好来自自己以往实际工作中的案例。"这些培训，不是从任何西方课本中下载的，而是要结合我司的实践。要活学活用，急用先学，系统全面的教育要与解决现实问题结合起来。"

华为内部谈到人才发展和培养的范例，最常引用的是黄埔军校和中国人民抗日军事政治大学，因为从某种程度上，这两所院校所培养的讲师和学员们决定了近现代中国的走向。回顾这两所院校的建设和发展，实际上都是在非常不利的外部环境和捉襟见肘的内部条件下进行的——黄埔、抗大年代，什么都匮乏，唯独不缺的就是硝烟弥漫的战场。将军是打出来的，而不是纸上考出来的。再好的课堂培训效果，离开教室，不去实践，过一两个月，也就都还给老师了。公司相比大学，最大的人才发展优势就是不缺实践机会，当下的战场就是管理者交付项目，不但要交付价值令客户满意，也要把利润带回公司赢得军功章。

## 关键是教会干部怎么具体做事

华为大学不是一个正规院校，正规院校是培养大学生、培养硕士博士的。华为大学的学员都是完成了基础训练才进来的。华为大学本质是对已经受过正规教育的人再教育，再教育应该跟职能有关系，不再是与基础有关系。华为需要干部从事这个工作，就给干部赋能，赋能不是全面赋能。

培训要从实战出发，学以致用。华为大学的培训内容应与一线作战实践保持一致，教学中使用的流程、表格、代码都采用一线实际案例，要学以致用，急用先学，培训士兵就教炸药包怎么捆，怎么拉导火索，不用讲怎么当元帅。

华为大学的特色是训战结合，最终就是要作战胜利。这个目标似乎短浅了一些，但当前是迫切需要的。5~10年后怎么样，未来再讨论。

训战结合就是训练和作战相结合。所有训练的表格要和华为实际操作的表格一模一样，代码、标识符等也是一模一样的。华为现在就是要把赋能简单化，简单化就是不讲原理，直接讲作战。

训战结合的赋能和考试全以沙盘为中心。比如，在德国建立教导队来培训，做账实相符、LTC（线索到回款）、"五个一"工程的综合管理。准备变革的代表处来几个人学习，将代表处沙盘带来，做作业、考试都以沙盘为中心。

在现实工作中，华为不主张多考试，因为浪费实战时间。但是在华为大学培训，华为主张多考试，一个星期至少考3次。培训结束之前，先把自己的沙盘讲清楚，毕业后带着沙盘回去，一边实践，一边修改，最后看结果。

华为大学的赋能要支撑公司文化、管理平台和关键业务能力，尤其是战略预备队的建设。

在文化思想上面，华为大学要建立统一的管理平台。以文化为基础，文化的上面是土壤，肥沃的土壤就是管理平台；业务是生长在这片土地上的能量。文化基础平台就是干部管理研讨班；管理平台是已有的管理，包括现在的系统变革、项目管理支撑、各体系的管理平台；业务就是冒出来的一个个山峰，山峰是可以独立的。

华为内部文章《培训要务实》一文中这样写道：

> 培训不要太高档，关键是教会干部怎么具体做事。现在我们很多的高级干部都不会具体做事。你们抓潜力开发，事都不会做，怎么开发潜力？公司讲"小改进，大奖励；大建议，只鼓励"，为什么？主要是鼓励踏踏实实的作风。既然你有大的好建议，你本职工作早就做好了，早就发现你了。因此所有的培训都要转到具体工作中去，要和任职资格结合起来。我认为

现在很多培训中心的培训方向都很偏，都是在培养跨世纪的美国总统。要抓做实，华为公司就是聪明人太多，聪明人不做事，最终的结果就是把公司的前途葬送了。各个干部要配合培训中心，一定要把整个培训方式调整过来，要学以致用，不要学天桥把式，"练"是为"干"，而不是为了"看"。

干部的责任是培养人，培养人的目的是要产生结果，但是如果没有绩效，表面上很忙做了很多动作，"培养"了很多务虚的人，有学问而使不出劲的人，都是无用功，都是假动作，垫高了公司的成本。

经过青训班 5 天学习后，大家还得回到实战去，最终能不能成为将军，在实战中去体现。

与过去时代不同，这个时代需要现代化武装才能上战场。用短期赋能的方式来指导你们，华大给了你们一大堆表格，告诉你们如何使用这些表格、如何指挥现代化作战。这些内容已经过了时间检验，有一定的参考意义。当然，不是赋能了就自然会作战，而是看你们自己的理解。

没有实践支持，不能理解这些理论；没有理论基础，不可能深刻感受实践。华为公司未来新的战斗将越来越复杂，比如，攻占大数据流量制高点，你们能给客户讲清楚大数据流量及其模型是什么吗？首先要自己深刻理解后，才能让客户去接受。所以，你们要能把这些表格活学活用。

青训班赋能后，上战场去实战，不一定人人都能成为将军。只要奋斗了，就无怨无悔。真正的英雄，都是从本职工作成长起来的，在本职工作中展现出自己的才华，不能刻意塑造将军。

你们经过培训，掌握了工具，但要通过创造价值，不断提高自己的能力和贡献，我们才会逐渐承认你们，才会给你们去"诺曼底登陆"的机会，死了就是英雄，不死就是将军！

未来机关各级干部如果没有成功的项目实践经验，就没有资格担任管理者，否则一定是瞎指挥。自己搞不明白，开会做不出结论，没有实践经验而造成管理复杂。当然，我讲的是明天的问题，所以大家需要补课，各级干部一定要在实战中去提高自己的管理能力。

## 学习公司文件，领会高层智慧精华

在华为，从基层到高层是不断收敛的，会逐步挑选出越来越优秀的人员。"在金子塔尖这层人，最主要是抓住方向。"走过训战阶段进入高阶后，干部若想成长为真正的将军，进一步成为战略领袖和思想领袖，就要使"自己的视野宽广一些、思想活跃一些，要从'术'上的先进，跨越到'道'上的领路，进而在商业、技术模式上进行创造"。为此，华为要求高层干部要学习公司文件，领会高层智慧精华。

为帮助中高级干部实现"术"向"道"的转变，公司规定每位高级干部都必须参与华为大学的干部高级管理研讨项目，简称高研班，亦堪称华为的"抗大"。

高研班的主要目标不仅是让学员理解并应用干部管理的政策、制度和管理方法工具，更重要的是组织学员研讨公司核心战略和管理理念，传递公司管理哲学和核心价值观。和一般企业大学的做法不同，华大的高研班向每位参训学员收取 20000 元的学费，学费由学员个人承担，目的是为了让每位参训干部增强自主学习的意识，而且不经过高研班培训的干部不予提拔。华为大学高研班项目见表5-3。

### 表5-3 华为大学高研班项目

| 赋能环节 | 概述 |
| --- | --- |
| 1. 理论自学 | "华为公司的核心管理理念及管理方法源于华为的核心价值观，承载了华为20多年管理实践中成功经验和失败教训"，是公司级的管理哲学和文化，学员在入学之前需自学其理论内容 |
| 2. 课堂研讨 | 每位参训学员要经历过3次研讨，分别围绕《人力资源管理纲要》《业务管理纲要》和《财经管理纲要》三大教材，先组内讨论再全班讨论与"吵架"。课堂没有老师，只有引导员，引导员由公司高层担任，只点评不讲课 |
| 3. 论文答辩 | 撰写至少一篇真实发生的案例作为结业论文，强化对理论学习的现实分析与应用 |
| 4. 深度发酵 | 学员将自己的案例和心得，发布在华大建设的案例平台"管理视界"上，推送全公司的管理者进行讨论 |

"华为公司核心管理理念及管理方法源于华为的核心价值观，承载了华为20多年管理实践中的成功经验和失败教训，是干部保持正确的管理方向、带领团队成功的基础和前提。干部参加高级管理研讨班，旨在促进干部对公司核心管理理念和管理方法的深入理解和综合运用，同时通过高层亲自授课和考察，识别可能进入公司关键管理岗位的优秀干部苗子。"目前，每年走过"高级管理研讨班"的学员约1000人。[1]

---

1 葛明磊,张译丹."将军"是如何产生的？——华为公司管理者培养的案例研究[J].中国人力资源开发，2015.

我们公司很多高级干部根本不学习公司文件，他们是凭着自己的经验在干活，这样的干部是一定会被淘汰掉的，不淘汰掉公司是没有希望的。EMT 做的那些决议和各种文件，代表了高层智慧的精华。但我们的干部根本没有认真学习。所以，400多个 EMT 文件，一个个考，考不及格的高级干部不能调待遇。就是说高级干部可能要处在淘汰的边缘上，一定要有这个看法。大家以为胜利了，以为有功劳了，自己的屁股就坐稳了，我觉得没有这回事。

## 百战归来思管理

《亮剑》中李云龙被送去向手下败将学习作战理论，是让他在系统的理论方法指导下，更有效地反思总结实战经验，走入新的学习地带；同时才能帮助他把这些经验充实到理论方法中，更有效地分享给他所带领的队伍。

华为强调实战，没有艰苦的战斗磨难不会产生将军。华为看到一个好苗子，就要在各种复杂情况下考验他的能力。但华为内部不随便开管理课，而是倡导高管来授课。华为认为管理各有各的流派，都各有各的道理，听得太多脑子就听乱了。

知识是平面的，它对事物的理解重在共性。你想想万千事物归纳出的知识，它的实用性有多少，而工作常常是个性的。因此，从学习案例入手，是知识能力比较强的人的一种认识客观规律的方法，会使你进步较快。我们要善于总结。每一次总结，就是你的综合知识结了一次晶；就像渔网一样，每次总结都是做了渔网的一个结，一丝一丝的知识，就一个一个结成了网。

谁的结多，谁的网就大，谁的网大，抓的"鱼"就多。不光是

成功要总结，失败也要总结。

2014 年，华为重大项目部聚集从全球一线市场推荐过来的优秀"种子"，实施训战培训，为公司建立销售领域的"将军资源池"，目标是通过训战结合方式提升交易能力，锻造未来商业领袖，建立战略预备队。

有别于以往的培训，将军池整个训战设计紧紧围绕"学中干，干中学，实践是提升自己的最好学习"的宗旨，包括三个阶段：训前准备、作训研讨以及作战提升。

在训前准备阶段，学员必须完成有关交易模式分析的自学，并提交一篇项目案例。接下来 10 天的作训研讨聚焦销售项目，围绕价值交换，通过课程精讲，统一交易标准化语言和建立思维框架，通过学员自带案例分享和作战计划研讨，训练各种场景化作战方法，进而洞察产业变化，提升学员交易能力和项目作战能力。在作战提升阶段，学员将实现自己作战计划，前往一线进行半年左右的项目实践。完成实践并通过答辩后，学员才能从将军池出营。学员出营后，作为优秀火种将能力辐射到团队，并置换出新的优秀分子加入新一轮训战，达到以点带面，促进人才循环和公司整体销售能力提升。

将军池的作训课程开发和授课得到华为高度重视。在课程开发方面，由重大项目部联合华为大学，涉及课程的相关部门专家（如合同商务部、财经管理部、市场营销与解决方案销售部）全程投入和支持，打造精品课程和进行教学设计；在授课方面，片联总裁李杰和片联管

理团队其他领导亲自担当课程的引导员和授课老师，将丰富的实战经验融入课程的理论中。

华为大学的培训更多是短训班，并不支持长训，青训班和FLMP的课堂教学阶段均不超过一周。

培训的结束也并非整个赋能项目的终结，青训班和FLMP均有学员奔赴战场实践并结业答辩的环节。"学一点、学个方法就上战场，我们有个平台，告诉你可以在网上学习，然后你认识几个老师，网上及时交流。""今天你们来参加研讨，并不等于明天就被承认，你们研讨出来的结果还需要你们到具体的工作岗位上去实践和检验。""我们不可能系统教你们如何当CFO，你们需要在实际工作中去悟出来。"

由此可见，在训战结合阶段，华为的干部培养遵循从实践中来再到实践中去的逻辑路线：通过一线实践采编案例和教学素材，在华大培训期间由学员进行案例研讨以总结归纳理论和方法论，再由学员回到实践中去检验和应用。

综上所述，我们可以得出管理者培养方面的规律如下：有效的管理者培养方式是以实践培养为主，培训赋能为辅，遵循"实践与经验总结 → 理论与方法论赋能 → 实践检验与应用"的逻辑过程。

# 第三节
# 建立干部的循环流动制度

公司要逐步通过重装旅、重大项目部、项目管理资源池这些战略预备队，来促进在项目运行中进行组织、人才、技术、管理方法及经验的循环流动。从项目的实现中寻找更多的优秀干部、专家，带领公司循环进步。

——《用乌龟精神，追上龙飞船》，

任正非在公司 2013 年度干部工作会议上的讲话

## 中、高级主管要进行岗位轮换

每年年初，在电梯里 IBM 员工问得最多的一句话是："你今年还做去年的那个工作吗？"管理层和员工轮岗是 IBM 的重要组成部分。

在华为，轮岗有两种：

一是业务轮换，如让研发人员去搞中试、生产、服务，让他真正理解什么叫做商品。

另一种是岗位轮换，即让中高级干部职务交流。任正非表示，干部循环和轮流不是一个短期行为，是一个长期行为。华为会逐步使内部劳动力市场走向规范化，加强这种循环流动和培训，让员工螺旋式提升自己。

全员走上岗位轮换，是高成本。片联要推动优秀干部的轮岗调配，以激活、均衡各组织的竞争力。

关于轮岗制的好处：

一是培养人才，轮岗可以使经理人亲身体验其他部门的工作，从而站在更广阔的角度上思考问题，形成换位思考，最终成为战略性人才。柳传志也说过："为什么要进行（干部）轮换呢？这个部门他做得好，是不是能够充分地研究为什么做得好。换了一个部门，还能够做得好，还能讲出道理，换了第三个部门，仍然如此的话，这个人可以升了，可以承担更重要的工作。如果没有的话，仅在一个部门，很好，就往上走，这里面有偶然性。"

研发人员的岗位轮换，通过对产品线每一环节的亲身历练，具备实际经验，确实了解全流程，从而从全局出发考虑问题。例如，一个直接从院校毕业从事研发的人员，当他走出实验室，走进生产、物料、中试、市场等部门时，他才能深深地理解设计中的一个不经意的失误和疏忽会对这些后续环节造成多大的影响！这时，他才能正确地理解"产品"概念；而一个用服人员来到中研部，他才能更好地理解提高产品可靠性需要一个循序渐进、艰苦积累的开发过程，很难一蹴而就。

华为硬件业务部总经理卢赣平就是这样一个成功者，他从中研转至中试，再从中试转回中研，在流动中强化了商品观念和市场意识，进一步理解了只有在市场上取得成功的产品才是成功的产品概念。在他的领导下，112 产品质量稳定，接受了市场的考验，在产品通过鉴定推出市场不到 1 年的时间，就获得了 60% 的市场份额。

二是控制风险。高管在某一固定位置上待久了，周围就很可能滋生各种复杂的相关利益群体，高管易把该职位当成自己的领地，"占山为王"，以及由此滋生腐败现象将很难避免。

三是变相淘汰。对那些垄断企业资源对企业造成威胁的人，轮岗也是一种有效而变相的"削藩"手段，如果不接受轮岗或无法适应新岗位，企业就可以顺理成章地将其清除。

在一个岗位上做久了，难免会有一些惯性思维，使我们戴上有色眼镜，经过岗位轮换，我们不仅会汲取方方面面的新知识，也会拓宽视野、解放思想，改变固有的思维方式。

## 干部要"之"字形成长

任正非表示：

> 过去我们的干部都是"直线"型成长，对于横向的业务什么都不明白，所以，现在我们要加快干部的"之"字形发展，就要从新提拔的基层干部开始采用这种模式。

美国航空母舰舰长的培养机制就是"之"字形成长，而我们现在很多高级干部都是直线上来的，特点是很单纯，没有其他经验，他可能做这件事情很优秀，但是他要担负起全面发展、协调性强的事情，就缺少实践。

干部的"之"字形成长路线，有一定的适用范围，只适合高级管理者和一部分综合性专家，不适合基层员工和干部。至于原因，任正非表示：

> 我认为基层管理者短时间不可能成为领袖，二等兵成为统帅的时代，已不太现实了，我不否认过去曾经有过。我们强调基层要在自己很狭窄的范围内，干一行，爱一行，专一行，而不再鼓励他们从这个岗位跳到另一个岗位。

华为限制干部"之"字形成长的范围，不强调一定要大流动，有些岗位群不需要具有"之"字形成长经验。

不同的干部级别应该有不同"之"字形要求。任正非表示：

> "之"字形成长是为了培养将军的，炊事班长上了巡洋舰，还是上了航空母舰，对他的未来没什么影响，换来换去有什么区别呢？当然，在所在部门人员之间，相处不合适，适当换一下部门、岗位是可以理解的，但去新岗位得接受新的职位标准的考核，实行易岗易薪。

## 创造干部成长的内部竞争环境

各个公司的干部管理，都有选拔任用、培养、考核、评价、激励的制度，华为的不同之处在于设立了一个后备干部资源池。任正非永远让大家处于紧张状态，不断营造危机感。

在培养后备干部时，华为是向西点军校学习，采用不断淘汰制，以迫使所有的后备人员有不进则退的危机感。选拔方式、选拔标准，以及被选择人不是永远不变的。不断地选拔，不断地淘汰。

任正非表示：

> 从实践中选拔，从华为大学的教育中培养，交替进行选拔，我们将实行推荐、评议、审查的三权分立的后备干部管理政策，应该准确性较高，投机也不容易成功。

华为引入竞争机制，搞活干部队伍的优胜劣汰。市场经济的最大特点是企业的竞争，企业的竞争也就是人才的竞争，就是大浪淘沙，优胜劣汰；只有那些思想保守、没有进取意识、绩效不好的"南郭先生"不断被新人取代，企业才能充满活力，才能更好地生存和发展。为此，企业人力资源管理职能部门要积极搞活用人机制，不断深化企业干部人事制度改革，改进干部管理方法，建立健全干部能上能下、能官能兵的充满活力的管理机制，拓宽人才视野，从根本上改变用人观念和标准。

通过统一的干部选拔标准，由各部门合作甄别，选择一定比例的人进入后备干部的培养，通过实践、理论、再实践、再理论，循环起来，改变过去那种由少数人选人、在少数人中选人的状况，变"伯乐相马"为"赛场选马"，通过竞争上岗让更多的优秀人才脱颖而出，进入干部选拔的视野。

# 第四节
# 后备干部队伍，保障事业持续发展

拿破仑说过："战略性预备队是确保胜利的真正武器。"

华为规定，每个干部每年必须培养两个接班人；每个干部每年必须学习 60 节课，回来要讲 4 节课；每个部门每年必须优化一个流程。高级干部要当讲师，自己备课、授课。接班人要具备"组织性很强、关注客户、关注指标、学习能力、成就导向、诚实正直、团队领导"的特质。

## 后备干部梯队是华为持续成长的瓶颈

任正非一再强调，未来的战争是"班长的战争"，这不仅仅是一句口号。

"班长的战争"其实是整个组织模式的转变，未来的一线组织将会更有弹性，专家资源利用更高效，平台支撑更专业。

中、高级干部要加强自己的管理技能训练，提高自己的业务素质，赶上时代的需要。经历了10年创业，中、高级干部总的来说是好的，具有高度的责任心与事业心，也勇于自我批判、自我约束。由于历史的原因，把你们推到了领导岗位，并不意味着具备了必需的才干。但你们对公司的忠诚、对工作的敬业，都是你们提高技能后继续担负领导工作的重要基础。公司信任你们，你必须努力学习。公司的迅猛发展，你在管理技能上已出现差距，要下决心努力学习赶上来。

华为正面临历史赋予的巨大使命，但是缺乏大量经过正规训练、经过考验的干部。后备干部梯队是华为持续成长的瓶颈。

任正非表示：

华为的人员大多数是从青纱帐里面出来的，包上个白头巾，提着两个地雷就上国际市场。如果他们努力进步的速度跟不上，他们的历史使命就结束了。你们看我这两年撤掉了多少高层干部，我绝不会把难题留给接班人。我们这次财务变革要成功就一定会搬掉非常多的石头。我希望大家跟上来，别掉队。公司要从游击队的作风转成一个现代化的组织建设。这个靠苦口婆心地劝说是没有用的。不合格的师长就回去当士兵，我为什么要请你当连长团长，我为什么要请你一级一级地降啊？华为公司快速的发展，没有耐心等待一个干部的觉悟和前进。

针对进入后备队伍的干部培养，任正非提出，要根据不同层次，不同工作目标有所区别地培养。在新员工进入工作岗位时，华为大学选择 1/3 的最优秀的员工进行跟踪记录，经过一两年，华为大学从这1/3 的人中再选 1/3 的实践优秀者进行更高一级的后备队培训。

就像西点军校培养军官一样，华为大学在干部的选拔与培养中扮演着非常重要的角色。在培养中淘汰，淘汰后再培养，不断循环，不断优化将是华为大学以后对干部的培养方式。而要做到这一点，华为大学的管理者、工作人员及教师首先要以身作则，把工作做实。

## 华为大学要建立独立的跟踪、记录、考察机制

任正非指出华为大学要建立独立的跟踪、记录、考察机制。首先，这样做有助于对后备干部的更全面、更客观的考察，同时对华为大学在干部后备队中扮演的角色也提出了明确、具体的要求：

1. 需要建立全过程的跟踪、考察、记录机制，建立相应的信息系统；

2. 要有能力做到独立评价，保证评价的客观、公正；

3. 与 HR 和业务部门紧密配合，形成一个有机的干部后备队管理系统。

## 党委要肩负起干部监察的重要责任

党委作为公司优秀员工群体的代表，需要配合华为大学、人力资源部、公司各部门，承担起干部培养的重要责任。

1. 党委配合人力资源总监办完善员工档案信息系统，做好干部体系管理的过程记录；

2. 党委对不合格的干部一旦发现，要敢于提出弹劾建议。

任正非表示：

我们要做的是建立一个机制，让水流的速度快一点，把上面的泥沙冲掉，让年轻有为的上来。谁来挑起华为公司的重担？新技术的发展非常快，华为公司又处在最先进的技术领域，可能越年轻的人越有优势。我们的机制要有利于这些人脱颖而出。

注重下属领导力的培养，是职业经理人和企业家的主要区别之一。对于大多数企业家来说，只有他愿意并且做好全面准备，才会交出领导权职位。相比之下，职业经理人却需要时刻做好准备，随时完成工作交接。因此，对于优秀的企业和称职的职业经理人来说，接班人和领导力的培养，应该是日常工作中最重要的内容之一。

2005年3月21日，在阿里巴巴网商论坛广州站的主题演讲上，阿里巴巴集团CEO马云在深入分析团队建设问题时这样说道："企业的领导干部任命永远是让CEO最头痛的问题。"

团队干部是内部培养还是外部空降，这是领导者们所要考虑的问题。

领导人与对领导人的培养是通用电气公司成功的重要原因之一。通用电气公司的机制培养了无数优秀的人才，以至于通用电气公司发展人才与培养接班人计划的做法早在20世纪50年代就被写进了教科书，作为风靡全球财经领域的经典案例。

团队干部和后备队的培养，成为华为全球化发展进程中的重中之重。如何打造一支真正职业化的铁军团队以支撑公司全球化发展，也就成为华为各级部门和管理者共同的和首要的任务，也是华为赋予华为大学的重要使命。

华为公司业务正在进入一个新的以业务全球化为特征的高速发展

时期，但干部队伍的数量和质量都严重不足，有大量管理岗位的空缺需要合格的后备干部去填补，后备队制度成为华为人力资源管理变革和团队建设的一项重要内容。

华为团队的干部分为3种，前30%干部属于后备队，有机会到华为大学进行管理培训，培训优秀的人有可能在下一届得到实践机会；后面20%的干部属于后进干部，是优先裁员的对象，所以他们就拼命往中间挤，促使中间的队伍拼命地往前跑。于是形成了一个良好循环，只要是进步，想成为优秀者的华为人，就必须努力、努力、再努力，争取进入后备队，然后才有机会成为正式的华为人。这一过程充满了残酷的竞争，但是也正因为这样，它成功地锻造着一个个充满攻击性的具有华为特征的人才。

## 后备干部资源池

满足大量的团队干部需求要以建立足够数量的分层分级的后备干部资源池为保证，建立后备干部资源池的本质是建立一套动态的、例行化运作的后备干部选拔、考察、培养、淘汰、使用的机制。这就像一只不停摆动的筛子，人们在这里要么进步要么被淘汰，没有第三个选择。

在华为，这是一个宽进严出的系统，可以通过各级管理团队推荐，也可以自荐，但必须通过对关键否决条件的审核才能进来。进来了，就将接受更多、更艰巨的任务与挑战，同时也受到比对其他人更为严格的考察与约束，这个过程就是培养。

这也是一个开放的系统，这一轮被淘汰的人，改进后还有可能再进来，但进来了就随时有可能被再次淘汰。因此这是一个熔炉而不是保险柜，只有那些始终能够通过最严格考验的人，才能真正走上各级管理岗位。不进则退是这个系统最基本的出发点。

严酷的竞争形势要求华为干部队伍的所有成员都必须从思想上、行动上保持一种随时可以进入战斗的紧张状态，如果管理者侧重于对安逸和享受的追求，就必须退出管理岗位，不再承担管理责任。

## 工作精细化、系统化

华为在推行IPD（集成产品开发方法）时，能得到成功，很大的功劳在于资源池的建立。华为技术优秀的人很多，但是普遍缺乏管理能力，跨部门的经理太缺乏，合格的项目经理人员很少。华为的任职资格主要从项目经理入手，通过对有经验的高层的访谈，借鉴国外的任职资格标准，比如NVQ（英国国家职业标准）、波音公司技术协会、日本IBM等。华为制定了项目经理的素质模型，然后对后备干部进行评估，发现素质缺失，立即进行有针对性的培训。在实践中还要对他们进行行为评估，根据需求开发课程培训。

另外，不同于国内一些企业，华为培养干部的做法十分精细：

1.通过专人辅导，解决在课程中学习不到的知识。比如总裁秘书，有些高级人才就采取任命为总裁秘书的办法，加速其成长。

2.到关键岗位上锻炼。比如，华为设计了很多副职，根据管理学家彼得·德鲁克的观点，设计副职是不科学的，会造成职责混乱。但是华为设立的副职，对培养人才起了很大的作用。任正非的观点是：流失任何一个人，都不会影响公司的绩效，这就需要建立资源池，走了任何一个人，都能有人马上顶上去。

3.岗位轮换。把研发管理人员派到市场一线锻炼的办法，以提高对市场的认识。

2006 年 1 月，深圳总部华为大学迎来了首批干部后备队员，一共 19 名，有来自华为研发、销服一线的有优秀业绩贡献的骨干员工和基层管理者。经历了为期半年多紧张培训和培养，他们完成了课堂学习、实践锻炼和论文答辩各个培养环节。9 月 4 日～5 日，这 19 名队员迎来了他们的结业答辩，为期两天的结业活动包含学员论文答辩及综合评议、与公司领导座谈和结业典礼三个部分。学员论文答辩及综合评议组由后备队员所在体系或部门管理团队成员、干部部部长、党委领导、人力资源部领导、华为大学学员鉴定中心成员及与后备队员直接对应的业务体系的优秀四级管理者组成。经过严格评议，首期 19 名三级干部后备队员均顺利通过，并在结业典礼上获得了华为三级干部后备队培训结业证书。

任正非在结业典礼上发表讲话，他强调："选拔你们只能说在一个阶段中肯定了你们的成绩，但你们并不是进入到了保险柜，淘汰在你们中间将更加严格。只有努力去学习，特别是学习干部的标准，要奋斗、要前进，才不会被淘汰。"

任正非亲自在干部后备队结业证书上写道："只有有牺牲精神的人，才有可能最终成长为将军；只有长期坚持自我批判的人，才会有广阔的胸怀。"

干部后备队培养的目的在于产生一批能够理解、执行、传播华为核心价值观和文化，并且具备符合公司战略发展所需的领导力素质和技能的干部队伍，以支撑公司业务快速增长和国际化过程中干部队伍建设所面临的巨大挑战和压力。显然，华为在这点上做到了。

延伸阅读

# 华为怎么培训重装旅

华为 2014 年成立了三大战略预备队：解决方案重装旅、重大项目部、项目管理资源池。

这三大战略预备队，对应销售、解决方案和项目交付，正好构成支撑"班长的战争"的铁三角专业队伍，其中重装旅是解决方案的战略预备队。

重装旅作为华为三大战略预备队之一，隶属于片联干部管理部，包括 HRBP（人力资源业务合作伙伴）、作战营、集训营和尖刀营。

重装旅到底是什么？

## 入营：做宽还是做深？

在入营阶段，重装旅作战营会与学员的前任主管沟通其未来的发展方向，就训战方向达成一致，完成训战场景分班，匹配作战项目。训战主要方向有两类：第一类是副代表 /SR 类型的岗位，需要向更宽的方向发展；第二类是专家型岗位，学员需要掌握网络设计和咨询的能力。需要自带案例和作战任务书。

## 集训营：伏怎么打，兵就怎么练（时间2周）

2周案例式教学集训

集训营负责 2 周的强化赋能，课程聚焦 FBB（六西格玛全职黑带）、MBB（六西格玛黑带大师）、IDC（互联网数据中心）、数字化转型和敏捷网络五个场景。学员按照入营前达成的训战方向选择其中一个场景学习。集训采取案例式教学方式，还原真实作战场景，两周内有80%的时间围绕实战项目进行 PK 研讨。

集训期间，学员要分享一个亲自做的案例，每名学员参与研讨的项目将会达到 40 个，从全球不同的实战案例中萃取优秀实践。

每个场景，大家将会接触"选择目标客户、识别客户痛点、分析存量网络、设计目标网络、网络迁移和商业价值分析"等完整的实战战法。同时，重装旅也准备了更具挑战、更经典案例供大家参考。

## 作战营：将军是打出来的，一定要上战场（6个月）

6个月一线项目实战

作战"实战赋能"阶段是 6 个月的实战过程。作战营组织收集一线作战对专家的需求，与个人训战方向进行匹配，安排其作战任务。

每人要在 6 个月内完成 1-2 个训战项目，在实战项目中，承担解决方案组长角色或解决方案专家角色。如果选择做宽的方向，就要弥补综合能力的短板；如果选择做深的方向，就要进一步强化专业能力。实战过程中，项目指挥权在一线，由一线主管和项目 PD（项目主管）来安排任务。

## 重装旅作战流程及关键动作

重装旅作战流程及关键动作详见图5-1。

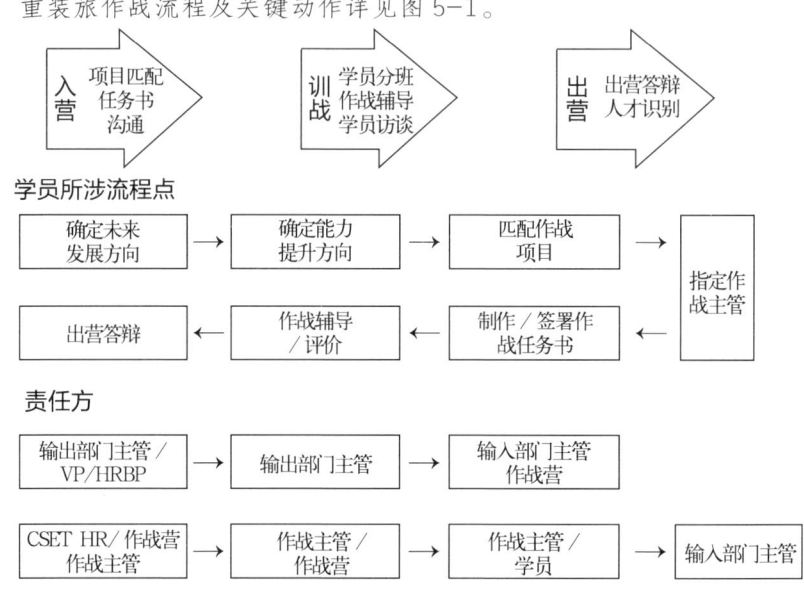

图 5-1　重装旅作战流程及关键动作

## 出营：从战场上选拔将军

重装旅训战是四级任职资格评定的必要条件。

完成训战任务后，作战营将组织出营答辩和任职资格答辩。学员对比作战任务书，对自己作战完成情况进行陈述。重装旅对实战结果、实战能力进行访谈，访谈对象包括一线主管和项目PD。对于训战结果优异的个人，重装旅将会启动组织推荐，让其获得更多的发展和晋升机会。

出营评定：作战项目总结，集训期间评定。实战过程评定，出营实战答辩。

任职资格申请：出营评定合格的学员提出任职升级/复核申请，片联解决方案重装旅组织安排任职答辩。

出营安排：根据评估结果推荐岗位；训战评估结果记入学员档案，供CHR（整体负责人事制度的HR）调用。

## 具体实施
## 2 周集训营：碰撞、分享、提升

1. 标准化技能训练、场景化实战演练，依循业务流程，针对一线作战的标准动作和场景、工具和模板，围绕解决方案的主题选择关键模块，不断地模拟一线，进行课程精讲、案例分享、项目复盘、对抗演练等。

2. 身临其境地进行真枪实弹的反复强化训练，补齐能力短板，提升核心作战能力。

3. 按照一线作战场景进行设计的课程，要求每位学员带着重点案例入营，集训期间复盘一线经典案例。

4. 通过对抗演练、角色互换、专家点评等教学方式，在真枪实弹的环境里帮助学员提升市场洞察能力、客户管理能力、解决方案设计及新产品解决方案等综合能力。

## 6 个月作战营：作战、提升、循环

通过集训营的实战演练后学员进入一线作战营，把在集训营掌握的关键动作应用到一线实战项目。

1. 依据一线业务作战地图，带着集训营已制定好的作战计划，参战一线项目。

2. 委派的营长会在实战中全程给予学员适时辅导，巩固集训期间的作战打法。

3. 优化与客户沟通的方式，切实提高一线作战能力，全力支撑一线销售持续有效地增长。

（本文摘编自《班长的战争：揭秘华为的解决方案重装旅》，
作者：华夏基石 e 洞察，来源：HR 实名俱乐部，2015）

延伸阅读

# 未来的战争是"班长战争"

## 一、为什么要建设子公司董事会

　　未来的战争是"班长战争"。华为过去二十几年，一直采取中央集权的管理方式。为什么要中央集权呢？就是要组织集团冲锋。为什么要集团冲锋？因为我们火力不强，所以要集团冲锋，搞人海战术，近距离的集中火力。而今天，我们的作战方式已经改变了，怎么抓住战略机会点？这二十几年来我们向西方公司学习已经有了很大的进步，有可能一线作战部队不需要这么庞大了。流程IT的支持，以及战略机动部门的建立，未来有可能通过现代化的小单位作战部队在前方发现战略机会，迅速向后方请求强大火力，用现代化手段实施精准打击。这就是我们坚持LTC落地，实现"五个一"及账实相符的目的。

　　让最听得见炮声的人来呼唤炮火。我们既要及时放权，把指挥权交给一线，又要防止一线的人乱打仗，所以监控机制必须及时跟上。我们利用资本的方式跟上去，资本不是流程化的，是在流程外面的。当军队快速前进时，很多车"哗哗哗"就过去了，子公司董事会就在旁边看半天，如果发现问题了，就坐着直升机来追，你就是非流程化。世界上的法律是支持资本管理经营的，我们子公司董事会的权力是代表资本的，以资本的力量来实施监督，但监控不要影响人家操作。我们得花时间来探讨用什么方式监督。今天我们还没有经验，所以不能给子公司董事会赋予完整的权力，赋给你们完整权力你们就干预作战部队了。所以说，班长这个"螳螂"后面还有一个"黄雀"，"黄雀"不能轻易地抓"螳螂"，"螳螂"正在集中精神捕"蝉"，"黄雀"就不要去抓它，他方法不对可以总结啊，事后可以去讨论呀，事前事后都可以讨论。

通过指挥权前移，来避免后方机关过于庞大。如果我们把所有权力都收到机关来，机关将来就越做越庞大，成本就越来越高，不产生价值，最后的结果就是公司垮掉，很多倒下的大公司以及封建王朝的历史都印证了这一点。在目前这个历史的关键时刻，我们要清醒地认识到，公司不能有一个庞大的机关，一定要把权力授下去。通过LTC流程的全程贯通，实现账实相符，实现"五个一"。在这个转型期间，子公司董事会担负着非常重要的历史使命。

## 二、怎样建设子公司董事会

搞子公司董事会建设，摊子不要一下子铺得太开，大家尽量聚在一起，有商有量。探索更多可行的方法，提升子公司治理能力。我们目前对子公司的监控还不到位，所以还不能给它完整的自主权。监控效果好一些了，权力就下放多一些，自然作战部队的灵活性就高一些，结果就是能更迅速地满足客户需求。

董事也是可以重新做管理者的。现任的子公司董事感觉到被边缘化这是正常的，因为你要从一个一线经营者转变为一个管理者。首先需要赋能，不然管理会产生混乱。专职董事担负这么重大的历史使命，是很光荣的。如果干了一两年董事，懂得法律了，还是想重返前线，也是完全可能的，但是必须要和子公司董事会好好配合。需要明确两个要点：1.董事随时随地可以要求重新上战场；2.公司作战机构基本稳定下来，干部配置快要到位了，加快破格提拔补充到作战岗位上去。等公司有了富余编制，人员就可以循环起来，你想上战场就发给你两支枪；你想做子公司董事，就发给你一根指挥棒。未来你需要哪个权力，公司任你们选择。做子公司董事不意味着在公司的职业生涯进入尾声，而是公司希望你们发挥更大的作用。现在公司的董事会也是不合格的，EMT权力太大，对董事会的还权要有一个过程，对管理层相应的监控一定要跟上。

公司未来发展形势和管理思路。公司通过针尖式发展战略，部分领域我们已进入无人区了，但我们不能低价。如果使用低价，西方公司就进不来，华为公司就是垄断，我们就很危险，所以我们的价格卖得比较高，盈利能力就增加了。"针尖"这种方式使我们摆脱了很多利益集团的纠缠，我们不影响别人的利益范围。这两年人力资源贡献很大，提出来一个"获取分享制"，你赚到钱，交一点给我你才能分享，你赚不到钱活该饿肚子。"获取分享制"一出现，这两年利润增长很快，大家的积极性和干劲也起来了。

过去思想家"望星空"睡着了，纺织女工通过天窗"望星空"望出了"经纬度"，今天你们这么多董事"望星空"，一定也可以"望"出点什么。

（本文摘编自任正非在2014年年中子公司董事赋能研讨会上的讲话）

延伸阅读

# 华为公司干部后备队管理办法

## 一、目的

干部后备队是公司根据战略发展需要而组建的后备干部培养、储备资源池。为规范干部后备队的管理，明确干部后备队选拔标准、选拔程序和培养方法，为公司战略发展需要提供合格的后备干部，特制订此管理办法。

## 二、定义

干部后备队分管理三级后备队、管理四级干部后备队、管理五级干部后备队、员工干部预备队四层进行培养，其中：

管理三级干部后备队：从优秀员工中选拔进入华为大学培养，是三级管理者的候选资源池成员；

管理四级干部后备队：从优秀的三级管理者和优秀的跨部门团队核心成员中选拔进入华为大学培养，是四级管理者的候选资源池成员；

管理五级干部后备队：从优秀的四级管理者和优秀的重量级跨部门团队核心成员中选拔进入华为大学培养，是五级管理者的候选资源池成员；

员工干部预备队：是指在培训各环节以及上岗试用过程中持续表

现优秀，并经过各培训组织部门综合考察评价选拔出来的优秀员工。员工干部预备队选拔出来，重点是对这些优秀新员工进行跟踪考察和牵引，促进他们在岗位工作中快速成长，公司对员工干部预备队不安排专门的管理技能培训。

## 三、适用范围

本管理办法适用于华为技术有限公司及华为各全资子公司。

## 四、干部后备选拔

1. 选拔基本原则

公司从如下员工或干部中选拔干部后备队员：

（1）符合公司干部四象限原则，绩效优良、有责任感和使命感、敬业与奉献、对公司忠诚、品德优秀并具备一定任职资格的中外员工和干部；

（2）优秀特招人才参照上述标准可以直接选拔到相应层级干部后备队进行培养；

（3）品德作为后备队员选拔的一票否决条件。

2. 选拔组织

干部后备队选拔组织工作，由公司人力资源部和华为大学联合组织。各业务体系管理团队对本体系干部后备队选拔工作集体负责，各业务体系管理团队主任是本体系干部后备队选拔组织工作的第一责任人，对本体系选拔组织工作过程和选拔结果负责。各业务体系干部作为本体系干部后备队选拔执行机构，负责本体系具体选拔工作组织落实。公司人力资源部和华为大学对业务体系选拔工作要提供培训支持。公司各级管理者要本着对公司负责的态度，积极参与公司干部后备队的选拔推荐工作。

3.选拔标准

（1）管理三级干部后备队选拔标准：

a.品德优秀且诚信档案无不良记录；

b.绩效一贯优良，绩效评价在本业务体系内横向排名前25%；

c.任职资格为二级普通等以上，劳动态度优良；

d.优先从优秀一线团队中选拔后备队员；

e.符合上述标准参加过A培的员工优先考虑。

（2）管理四级干部后备队选拔标准：

a.原则上担任管理三级岗位（含跨部门团队核心成员）1年以上；

b.品德优秀且诚信档案无不良记录；

c.绩效一贯优良，绩效评价在本业务体系内横向排名前25%；

d.任职资格为管理三级普通等或职业等；

e.团队组织氛围好者优先；

f.关键事件表现突出者优先。

（3）管理五级干部后备队选拔标准：

a.担任管理四级岗位（含重量级跨部门团队核心成员）3年以上；

b.品德优秀且诚信档案无不良记录，勇于承担责任与压力；

c.部门绩效一贯良好，部门绩效评价在本业务体系内排名前25%；

d.任职资格为管理四级普通等或职业等；

e.具有不断自我批判的精神和面向未来的战略性思考能力。

（4）员工干部预备队选拔标准：

a.上进心强，品德优秀；

b.入职培训各环节表现优秀；

c.上岗适应能力强，工作投入，认真负责，绩效结果好；

d.自愿前往一线艰苦地区长期工作与锻炼；

e.有管理方面的关键行为表现与潜力。

4.选拔程序

（1）管理三级干部后备队选拔程序：

根据管理三级干部后备队选拔标准，由两名三级管理者共同推荐（每个推荐者需独立给出推荐评价意见），经干部部对推荐名单和推荐资料进行审查，报上一级管理团队评议通过后，将名单交由公司人力资源部进行资格与程序审查，合格后入选管理三级干部后备队。

（2）管理四级干部后备队选拔程序：

根据管理四级干部后备队选拔标准，由两名四级管理者共同推荐（每个推荐者需独立给出推荐评价意见），经干部部对推荐名单和推荐资料进行审查，报上一级管理团队评议通过后，将名单交由公司人力资源部进行资格审查，合格后入选管理四级干部后备队。

（3）管理五级干部后备队选拔程序：

根据管理五级干部后备队选拔标准，由两名五级管理者成员共同推荐（每个推荐者需独立给出推荐评价意见），经公司人力资源部对推荐名单和推荐材料进行审查，报公司人力资源委员会评议，合格后入选管理五级干部后备队。同时推荐者要签名承诺对被推荐者三年的表现承担连带责任。

（4）员工干部预备队选拔程序：

根据新员工培训期间的综合表现以及上岗工作过程中的表现，由华为大学、各培训实习机构以及各干部部定期选拔。

5.选拔周期

（1）各层级管理干部后备队和员工干部预备队：每年选拔一次，每半年复核一次；

（2）干部后备队是一个动态的资源池，培养过程中不断有人转出或筛选出资源池；新干部后备队员可以不断补充进池，但各级干部后备队总体规模根据岗位配置需求保持相对稳定。

## 五、干部后备队培养

1.培养原则

（1）公司对干部后备队的培养采取培训和岗位实战锻炼相结合、培训与工作实践不断循环的原则；

（2）华为大学负责通过培训对干部后备队进行培养，重在提高后备干部的素质、能力、团队领导力，更重要的是要培养后备干部掌握科学的学习与工作方法；

（3）各业务部门负责在工作实践中培养锻炼后备干部，重点要培训考察后备干部的责任心、使命感、敬业精神与献身精神、业务能力与绩效贡献。

2.培养组织

（1）华为大学对整体培养方案和培养过程负责，包括培养体系的规划、设计与组织实施，过程评价、过程记录和档案记录；

（2）业务部门负责在实践中培养与考察干部，包括后备干部的岗位锻炼与考察、周边（或跨部门）锻炼与考察、艰苦环境或挑战项目的锻炼与考察等；

（3）公司人力资源部任职资格管理部为干部后备队管理在人力资源部的接口，华为大学重大项目部为干部后备队在华为大学的接口，负责干部后备队培养全过程管理，并负责为各业务部门提供干部后备队培养信息记录和过程文档，干部任职资格管理部门为干部后备队工作在各业务体系的日常工作接口部门。

# 六、干部后备队考察、评价与任用

## 1.考察与评价原则

干部后备队在整个培养阶段的综合评价由华为大学学员鉴定中心负责，综合评价包括以下几个方面：

（1）华为大学培训期间的考察与评价由华为大学负责，考察与评价的重点是看后备队员对相关知识和技能的掌握情况以及表现出来的领导潜质等；

（2）干部后备队在业务部门承担本职岗位锻炼时的考察与评价由各业务部门负责，各业务部门所在干部部负责周边考察与评价，考察与评价的重点是绩效、任职能力、劳动态度等方面；

（3）干部后备队在参加跨部门项目锻炼时的考察与评价由所在的跨部门项目组织部门负责，考察评价的重点是岗位适应能力、合作性、劳动态度等方面；

（4）对干部后备队的品德考察贯穿整个培养过程，干部后备队的品德考察由公司组织干部部负责。

## 2.干部后备队淘汰

干部后备队培养过程始终贯穿淘汰机制，对干部后备队的淘汰和动态筛选相结合的机制进行，规则如下：

（1）培养过程中触及公司规定的高压线者直接淘汰出资源池；

（2）培养各阶段考核和考察达不到标准者直接筛选出资源池；

（3）培养周期结束后综合评价排名末尾5%者直接筛选出资源池。

3.任用原则

（1）华为大学学员鉴定中心根据综合评价的结果，对学员综合表现进行排序，作为公司选拔任用干部的决策依据；

（2）原则上新提拔的干部必须从相应层级的干部后备资源池中选拔。

## 七、职责分工

干部后备队的管理由公司人力资源委员会总体负责，公司人力资源部和华为大学负责具体的组织实施工作，各业务体系干部部负责具体的落实执行。具体工作分工如下：

公司人力资源部：负责干部后备队的选拔标准、选拔程序等政策文件的制订，选拔工作的组织发动，三、四级干部后备队选拔程序的审查与五级后备队资格审查等工作；

华为大学：负责干部后备队培养方案制订、培训组织实施、培养过程的考察与评价以及干部后备队档案管理等；

公司组织干部部：负责干部后备队思想品德考察评价与干部后备队监察；

各业务体系干部部：负责本业务体系干部后备队的选拔组织、推荐名单与推荐资料审查、岗位锻炼的组织实施与考察等；

各业务部门：负责本部门干部后备队的选拔提名、办公会议评议、岗位培养以及干部任用提名等。

## 八、办法自颁发之日起开始实施，解释权在公司人力资源部与华为大学，修订及废止权在公司人力资源委员会

# 参考文献

［1］黄卫伟.以奋斗者为本:华为公司人力资源管理纲要［M］.北京:中信出版社,2014.

［2］文丽颜.华为的人力资源管理(实战版)［M］.深圳:海天出版社,2015.

［3］王伟立.华为的管理模式［M］.第3版.深圳:海天出版社,2012.

［4］王玲.华为干部如何做到"能上能下"［J］.决策参考,2013.

［5］张邦松.华为总裁任正非:百战归来思管理［J］.经济观察报,2014.

［6］忘掉自己［J］.华为人,2005.

［7］尹玉昆.哲学与实践:烧不死的鸟是凤凰［J］.华为人,2013.

［8］探秘——华为大学"高研班"［J］.华为人,2014.

［9］法务部海外内控专业组.以司法震慑腐败——记A国法务团队内控案件处理［J］.华为人,2015.

［10］华为国内营销干部.一面全方位的镜子［J］.华为人,2004.

［11］邹勇.华为大学干部高级管理研讨班.哲学与实践:如何使用有个性的员工［J］.华为人,2012.

［12］葛明磊,张译丹."将军"是如何产生的?——华为公司管理者培养的案例研究［J］.中国人力资源开发,2015.

［13］吴春波.企业文化的核心是绩效文化［OL］.华夏基石 e 洞察，2015.

［14］高艳燕.管理策略：管理者如何做到公平［OL］.猎聘网，2013.

［15］华为的"赵科林式"挑战：空降高管进了"上甘岭兄弟连"［OL］.虎嗅网，2015.

［16］解读华为加薪：淘掉部分中层［OL］.虎嗅网，2013.

［17］庄文静.华为：如何让新员工融入"狼群"［J］.中外管理，2014.

［18］白刚.华为的管理为什么会成功［OL］.新浪财经，2014.

［19］王玲.华为前高管：华为的干部队伍是这样建立起来的［OL］.正和岛，2015.

［20］如何才能成为一个自律的人［OL］.搜狐，2015.

［21］刘祖轲.华为组织变迁：由高度集权到分权制衡［OL］.凤凰科技，2014.

［22］华夏基石 e 洞察.班长的战争：揭秘华为的解决方案重装旅［OL］.HR 实名俱乐部，2015.

［23］彼得·德鲁克，约瑟夫·马恰列洛.德鲁克日志［M］.蒋旭峰，王珊珊，译.上海：上海译文出版社，2014.

# 后　记

在《华为干部内训课》写作过程中，作者查阅、参考了大量的资料和作品，部分未能正确注明来源并支付稿酬，希望相关版权拥有者见到本声明后及时与我们联系，我们将按相关规定支付稿酬。在此，我们深深表示歉意与感谢。

由于编者水平有限，书中不足之处在所难免，诚请广大读者指正。同时，为了给读者奉献优质的作品，本书在写作过程中的资料查阅、检索搜集与整理的工作量非常巨大，需要许多人同时协作才能完成，我们也得到了许多人的热心支持与帮助，在此感谢王成富、王家生、卢亚雄、邱星贤、周克发、赵振思、肖园发、张颜全等人，感谢他们的辛勤劳动与精益求精的敬业精神。